„Per crucem ad rosam"

Die obige symbolische Abbildung des englischen Philosophen und Hermetikers Robert Fludd (Summum bonum, 1629) ist überschrieben mit: *Die Rose schenkt den Bienen Honig.* Es wird eine Beziehung zwischen dem Kreuz und der siebenblättrigen Blüte der Rose dargestellt.

Die Rose lässt sich als die Entfaltung des SELBST deuten, das Kreuz als die oft leidvolle, aber notwendige Spannung zwischen den Polaritäten des Lebens. Die Bienen sind die emsigen Arbeiter am „Großen Werk". Sie werden angelockt und gespeist durch die Vision einer umfassenden Einheit und Ganzheit von Mensch, Welt, Kosmos und dem Göttlichen.

Die sich öffnende Blüte ist seit alters ein Symbol der Entfaltung der Seele und eines höheren Bewusstseins. Im indischen Mantra: „Om mani padme hum" wird das Juwel der Erleuchtung in der Lotus-Blüte, die sich aus der Tiefe des schlammigen Grundes zum Licht der Sonne hin öffnet, gesehen. Das meditative „Kreisen des Lichtes" (im chinesischen Werk: *Geheimnis der goldenen Blüte*) wie auch die Chakren im Kundalini-System werden als sich öffnende Blüten beschrieben. Rumi dichtet: „Du fragst nach einer Rose - lauf vor den Dornen nicht davon. Du fragst nach dem Geliebten - lauf vor dir selbst nicht davon."

Rilke war zeitlebens von der Rose fasziniert. In seinem Testament legt er für sich folgenden Grabspruch fest, der bis heute Rätsel aufgibt: *Rose, oh reiner Widerspruch, / Lust, Niemandes Schlaf zu sein /unter soviel Lidern.*

Eine mögliche Deutung könnte sein: Der reine Widerspruch der Rose liegt darin, dass sie einerseits die Manifestation der Fülle und Schönheit des Lebens darstellt, aber andererseits aus dem unbekannten und unerkennbaren schöpferischen Mysterium emporsteigt, das „ohne warum" (Angelus Silesius) ist. Sie ist Fülle und Leere zugleich, etwas, was sich auch von der paradoxen Natur des SELBST sagen ließe.

Inhalt

inhalt

Liebe Leserinnen und Leser,

Jeder Mensch trägt die ganze Gestalt des Menschseins in sich.

Michel de Montaigne – Essays

nach den heute gängigen Vorstellungen der Analytischen Psychologie C. G. Jungs wird unter Individuation die seelische Entwicklung eines Menschen zu einer eigenständigen und selbstverantwortlichen Person verstanden.

Individuation meint einen psychischen Differenzierungs- und Integrationsprozess, der die Entfaltung der Fähigkeiten, Anlagen und Potentiale eines Individuums durch stufenweise Bewusstwerdung und Realisierung des SELBST zum Ziel hat und durch den wir zu demjenigen Menschen werden, der wir von unserem Wesen, unserer individuellen Eigenart her sind.

Mit einem solchen Potentialentfaltungsprozess – dem „principium individuationis" – haben sich natürlich schon viele Philosophen beschäftigt, z. B. Aristoteles, Albertus Magnus, Thomas, Leibniz, Spinoza, Nietzsche. Auch in den meisten psychologischen Richtungen ist dieses „Sei oder werde, der Du bist" ein zentrales Konzept.

Als Spezifikum tritt bei C. G. Jung allerdings die Betonung auf eine Berücksichtigung und engagierte Auseinandersetzung mit unbewussten Dimensionen der Psyche hinzu.

Zwei Arten der Individuation

Es lassen sich natürliche, weitgehend autonom und unbewusst verlaufende von bewusst begleiteten und geförderten Individuationsprozessen unterscheiden.

Unter relativ günstigen Umwelt-, Kultur-, Entwicklungsbedingungen und bei entsprechenden Begabungen kann sich ein Mensch auch ohne weitere Unterstützung ganz aus seinem Wesen heraus schöpferisch entfalten und zu einer stimmigen Einheit und Ganzheit finden.

Man kann dies bei alten, lebensklugen Menschen beobachten, die ihr Leben in heiterer Gelassenheit verbringen und ihren Frieden mit sich gemacht haben oder auch bei Künstlern, die eine Individuation – wenn nicht bei sich selbst – so doch in ihrem Werk vollzogen haben und damit vielen Menschen Hoffnung, Trost und An-

sporn zu einem „höheren" und sinnerfüllteren Leben waren.

Daneben gibt es den bewusst, unter Einbezug unbewusster Dynamiken gegangenen Individuationsprozess. Der Anstoß hierfür kann wieder in förderlichen Lebensbedingungen oder entsprechender psychologisch-philosophischer Interessenslage oder auch in den verschiedensten Lebens- und Sinn-Krisen liegen.

Durch Letzteres ist aber auch die eigentlich ungünstige Situation entstanden, dass viele wichtige Themen der Individuation vor allem im psychotherapeutischen Kontext erörtert wurden und wenig Anwendung bei einem breiteren Klientel oder in sozialem, kulturellem und politischem Zusammenhang gefunden haben.

Ausgespannt zwischen den Polaritäten des Menschseins

Wenn wir uns auf den Prozess der Individuation einlassen – sei es im Rahmen einer Selbsterfahrung, einer Therapie oder einer religiösen Suche – dann haben wir oft unrealistische und überhöhte Vorstellungen von ihr. Wir erhoffen uns vielleicht, alle unsere Leiden, Konflikte, Ängste, Unsicherheiten überwinden, oder zumindestens „in den Griff" bekommen zu können oder wir möchten uns zu einem ganz besonderen, außerordentlichen Menschen entwickeln.

Das geschieht aber nicht, sondern zunächst fast eher das Gegenteil. Unsere Hoffnungen auf magische Heilung und Leidensbefreiung, unsere Fantasien der Größe, Vollkommenheit, Perfektion, Macht und des immer währenden Glücks erfüllen sich nicht. Es dauert oft lange, bis wir uns damit abfinden können, dass der Weg der Individuation in vielerlei Hinsicht auch ein Weg der Ent-Täuschung ist.

Die Auseinandersetzung mit den unbewussten Aspekten des SELBST erzeugt zunächst gerade jene Konflikte, die wir durch ihr Unbewusthalten zu vermeiden versucht hatten. Deshalb stürzt uns dieser Prozess häufig in einen Zustand der Konflikthaftigkeit, der Verunsicherung, der Hilflosigkeit und Desorientierung, der Dunkelheit. Wir gehen den leidvollen Weg der Kreuzigung, des Ausgespanntseins zwischen den Polaritäten der Psyche und den fast unerträglichen Widersprüchen des Lebens. Jeder Mensch, so meint Jung, der auch nur annähernd seine eigene Ganzheit sein möchte, weiß, dass sie eine Kreuztragung bedeutet. Und von daher sei es auch die eigentliche christliche Aufgabe für uns, nicht Christus nachzuahmen, sondern unser ureigenstes Kreuz auf uns zu nehmen und tapfer zu tragen.

Die zunehmende Erfahrung unserer Ganzheit bedeutet demnach keineswegs eine dauernde Ekstase oder einen fortwährenden Zustand glückseliger Erleuchtung. Auch ist sie kein Vollkommenheitszustand, sondern das bewusste Erleben und Erleiden unserer menschlichen Vollständigkeit in all ihrer Paradoxie, Alltäglichkeit, Gewöhnlichkeit, Durchschnittlichkeit und Unterdurchschnittlichkeit, so, wie das Leben eben wirklich ist.

Da sich in der Erfahrung des SELBST die verschiedensten polar-paradoxen Gegensatzspannungen versöhnen, stellt sich als dauerhafteres Resultat dieser Erfahrung ein seelischer Zustand mittleren Niveaus ein, der nichts überwältigend Großartiges, Bedeutungsvolles, Heiliges an sich hat, sondern viel eher in einfachen und schlichten Worten seinen Ausdruck findet: Dankbarkeit, Frieden mit sich selbst geschlossen haben, in sich ruhen, die Menschen und die Vielfalt des Lebens annehmen, wie sie sind, Leid vermindern und die Evolution zum Guten hin fördern wollen.

Natürlich kann es auf diesem Wege auch große, außerordentliche Erfahrungen geben, die man sich niemals „hätte träumen lassen" können. Diese sind nicht von Dauer und bilden auch meist keine geeignete Grundlage für das alltägliche Leben in seiner Ganzheit. Sie können uns aber eine Orientierung und Hoffnung geben darauf, dass wir und die Menschheit eines Tages wirklich in der Lage sind, das unfassbare Geschenk des Daseins und das Wunder des Lebens richtig zu würdigen.

Die schöpferische Quelle

Das Einlassen auf den Individuationsprozess kann uns Lebenssinn und Lebensfülle vermitteln, denn in der Beziehung zum SELBST sind wir im Kontakt mit unserem ureigensten Wesen, der Quelle, dem Schöpferischen unserer Seele. Der daraus resultierende Lebenssinn ist aber kein statischer, sondern ein dynamischer, der sich dem Lebensprozess entsprechend ständig wandelt und auf jeder Altersstufe andere Formen annimmt.

Dies ist nun wiederum eine der Paradoxien der SELBST-Erfahrung, dass jener von uns angestrebte innere Frieden und jene gelassene Heiterkeit gerade im Wechsel und Wandel der verschiedenen Manifestationsformen des SELBST erfahren werden. Auf diese Weise wird dieses eine, letztlich unerkennbare SELBST in einer sich ihm immer mehr annähernden Kurve umkreist, hinter all seinen Erscheinungsformen immer deutlicher erahnt, ohne je ganz erfahrbar zu sein, weil das Mysterium des SELBST unergründliche Weiten und Tiefen in sich schließt.

Der Analytischen Psychologie wird gelegentlich vorgeworfen, ihr Konzept des Individuationsprozesses führe zu einer Art narzisstischer, esoterischer Nabelschau, bei der der Blick für die gesellschaftliche Realität verloren gehe. Diese Auffassung beruht auf Unkenntnis und Missverständnissen und vor allem ist sie Ausdruck eines tiefen Misstrauens gegenüber der eigenen innersten seelischen Natur des Menschen.

Ein Entwicklungsprozess, der die Erfahrung der Ganzheit des Lebens zum Ziele hat und diese Ganzheit definiert als die Summe aller möglichen Gegensätze (z.B. männlich/weiblich, gut/böse, Körper/Psyche, Natur/Kultur, Denken/Fühlen, Kollektivität/Individualität, Personales und Transpersonales usw.) kann niemals ohne Bezug zur und ohne Relevanz für die Gesellschaft sein.

Individuation ist in jeder Phase nur innerhalb eines Wechselspiels zwischen Individuum, Mitmensch, Gesellschaft und Umwelt möglich. Deshalb ist jeder wirkliche Fortschritt im Individuationsprozess immer zugleich auch ein Beitrag für die Gesellschaft und setzt diese voraus.

Unmittelbar evident ist das z.B. bei der Integration des Schattens, wodurch „das Böse" nicht mehr vor allem im Außen, sondern als Teil der eigenen Persönlichkeit gesehen wird.

Ähnliches gilt auch für die Differenzierung der Animus-/Anima-Seiten der Persönlichkeit, wodurch die gegengeschlechtlichen Kommunikations- und Beziehungsprobleme ebenfalls nicht nur die Probleme des Partners bleiben, sondern zu den ureigensten werden.

Im Individuationsprozess wird der Mensch mit den Grundfragen des Lebens und des Menschseins konfrontiert. Diese Auseinandersetzung leistet er in Eigenverantwortung und überlässt sie keiner äußeren, gesellschaftlichen oder ideologischen Institution oder Autorität.

Er unterscheidet sich von seinen Mitmenschen nicht durch besondere, idealmenschliche Qualitäten, er fühlt sich im Gegenteil in besonders tiefer Weise mit ihnen verbunden („Nichts Menschliches ist mir fremd."), aber besitzt vielleicht den Vorzug einer etwas größeren Bewusstheit und Selbstverantwortung gerade hinsichtlich des eigenen „Menschlich-allzu-Menschlichen".

Die Grundfragen des Menschlichen erfährt er als seine eigenen, er wird zunehmend allgemeinmenschlicher und individueller zugleich und dadurch, wenn alles gut läuft, toleranter, verständnis- und einsichtsvoller, liebevoller und humorvoller und, was vielleicht das Wichtigste ist, er empfindet sich mit dem Lebensprozess und der Schöpfung identisch.

Die grauen Kästen dieses Heftes
Man kann Jungs Konzept der Individuation, in dem die grundlegenden archetypischen Stationen des Lebens und die individuellen und kollektiven unbewussten Dimensionen der Psyche erkundet und integriert werden sollen, als eine moderne Form der Einweihung und Initiation in die Mysterien ansehen, was Jung selbst auch an verschiedenen Stellen nahegelegt hat.

Deshalb versuchen wir in den grauen Kästen einige Stufen einer zeitgemäßen „Einweihung" in die Geheimnisse der Seele zu skizzieren.

Dass wir auch in diesem Hefte immer wieder auf alchemistische Symbolik zurückgreifen, ist der besonderen Vorliebe Jungs geschuldet, den Individuationsprozess immer wieder in Analogie zum alchemistischen „Großen Werk" zu setzen.

C. G. Jung begründet dies so:

> Es ist [...] eine ebenso schwierige wie undankbare Aufgabe, das Wesen des Individuationsprozesses im einzelnen Falle darzustellen.
>
> Kein individueller Fall meiner Erfahrung ist so allgemein, dass er alle Aspekte aufwiese und damit als übersichtlich gelten könnte. [...]
>
> Die Alchemie hat mir darum den unschätzbar großen Dienst geleistet, mir ihr Material, in dessen Umfang meine Erfahrung genügenden Raum findet, anzubieten und hat es mir dadurch möglich gemacht, den Individuationsprozess in seinen hauptsächlichsten Aspekten zu beschreiben.
>
> Jung, GW 14/2, § 447

Die Alchemisten waren sich wohl klar darüber, dass sie das „obscurum per obscurius", das dunkle Geheimnis oft durch etwas noch Unbekannteres (ihre Symbole) zu verstehen suchten, aber so ist das wohl in den Anfängen aller Wissenschaft und aller Psychologie.

Wenn man sich also unbefangen und psycho-symbolisch betrachtend auf die Bilder der Alchemie einlässt und auch nicht erwartet, ganz genau verstehen zu können, was sie nun im Einzelnen konkret bedeuten, kann man manchmal überraschende Parallelen zum Individuationsprozess entdecken und findet dann die Bilder gar nicht mehr so obskur und okkult.

So wünschen wir Ihnen ganz herzlich durch die Bilder und Texte dieses Heftes Anstöße zu Ihrem ureigensten Weg der Individuation.

Ihre

Anette und Lutz Müller

für das Redaktionsteam

Der Berg der Adepten

In obiger alchemistischer Abbildung (Stephan Michelspacher. Cabala, Speculum artis et naturae in alchymia, 1654) befindet sich der gesuchte Stein der Weisen (in jungscher Interpretation: das SELBST) mitten in einem Berg. Er ist die Summe und das Ergebnis aller kosmischen Kräfte und Elemente (symbolisiert durch Tierkreiszeichen, Planetengötter, Elemente).

Der Phönix weist darauf hin, dass es dabei um einen fortwährenden Stirb- und Werde-Vorgang geht. Sonne und Mond, das männliche und das weibliche Prinzip (König, Königin) deuten das „Mysterium Coniuncionis", die „Mystische Hochzeit", die für unserern logischen Verstand nicht recht erfassbare Vereinigung aller Polaritäten an.

Die Stufen stellen die verschiedenen Phasen des (Bewusstwerdungs-) Prozesses dar. Die psychischen Inhalte werden gesucht, gesammelt, differenziert, gereinigt, analysiert, sublimiert und wieder ganzheitlich miteinander verbunden.

Der allgemeine Mensch (Mann mit Binde vor den Augen) ist blind für diese Vorgänge. Sein eigenes Inneres bedeutet ihm nicht viel, und er wüsste auch nicht, was er da suchen sollte. Aber manchmal tauchen plötzlich doch instinktive Impulse auf (der flüchtige Hase), die ihm einen Zugang zur verborgenen Höhle des Unbewussten ermöglichen.

Das SELBST

Die polar-paradoxe Einheit und Ganzheit des Menschen

Diese Abbildung aus einem alchemistischen Werk (H. Jamsthaler, Viatorum spagyricum, 1625) zeigt den weib-männlichen, androgynen Menschen („Rebis" = die rätselhafte ein- und zweifache Sache), der die oberen kosmischen mit den unteren irdischen Kräften in sich vereint – das Ziel des „Großen Werkes".

Die klassischen Planeten (Venus, Saturn, Mars, Jupiter, Sonne, Mond) können als ihnen entsprechende Persönlichkeitsaspekte und geistige Lebensprinzipien verstanden werden, die ihre Integration in dem merkurialen Sechs-Stern über dem Haupt des hermaphroditischen Menschen finden.

Zirkel (Kreis) und Rechteck (Quadrat) stehen für die praktische Arbeit, die latente Ganzheit in eine konkrete Gestalt zu bringen. Sie können auch als zwei Arten geistiger Operation gesehen werden: rational-analytisches (Quadrat) und die Synthese suchendes, vereinigendes, integratives Vorgehen (Kreis), wobei beides nie ganz vollständig gelingt (vgl. das unlösbare Problem der „Quadratur des Kreises").

Der Drache steht für die elementaren archaischen Lebens- und Trieb-Energien, die Erde mit der in ihr angedeuteten Mandala-Struktur (Mittelpunkt, Kreuz, Kreis/Kugel) für die noch tiefere materielle, organische Basis unserer Existenz.

Die in ihr enthaltene Mandala-struktur weist darauf hin, dass auch sie bereits latent die Vollständigkeit in sich trägt und durch das „Große Werk" in einem gewissen Sinne „vergeistigt" (die beiden Flügel) wird (Transformation der Materie in Geist, ein Phänomen, das bis heute z. B. in der Hirnforschung, nicht erklärt werden kann).

Das „opus magnum" findet in dem Ei statt, was einerseits das „hermetische Gefäß" symbolisiert, in dem die Reifung und Wandlung stattfindet, andererseits auch das unbewusste lebendige, schöpferische Potenzial jedes Menschen. Da das Ei in der Abbildung den ganzen, doppelten Menschen in seiner Beziehung zu den kosmischen Symbolen umfasst, ist es auch als ein Symbol der dem Menschen möglichen Einheit und Ganzheit in seiner Verbundenheit mit dem ganzen Schöpfungsprozess (das kosmische Ei) deutbar.

Die Abbildung befindet sich vor einem schwarz/weiß schraffierten Hintergrund: Das könnte so interpretiert werden, dass der Ur- und Hintergrund unserer Existenz, die letzte Wirklichkeit, das Absolute, die kosmisch/chaotische Fülle/Leere ist und uns ihrem Wesen und immer verborgen (=unbewusst) bleiben wird, so ähnlich, wie der größte Teil des Universums aus „dunkler Materie" besteht, deren Natur wir nicht erkennen können.

Individuation in Zeiten der Selbstoptimierung

Bernd Leibig

Wir kennen alle die Auswüchse und Folgen von misslungenen Selbstoptimierungen. Die Körper von männlichen und weiblichen Body-Buildern, die uns nicht mehr ästhetisch anmuten. Die geschundenen Nasen und Gesichter von Frauen nach etlichen plastischen Operationen die uns beschämt oder erschüttert oder bedauernd den Blick abwenden lassen. Die jungen Leute in ihren überdimensionierten Sportwagen, die ihr Ego aufblähen, indem sie die Innenstädte unsicher machen.

Aber viel alltäglicher und üblicher sind die Selbsterweiterungen und Selbstüberschreitungen die sublimer auftreten. Etwa im Sport: Das normale Training zur Hervorbringung von guten oder Höchstleistungen reicht nicht mehr aus. Die Einnahme von Anabolika oder Dopingmitteln wird unter Einsatz des eigenen Lebens zur scheinbaren Selbstverständlichkeit.

Unter Einsatz des eigenen Lebens meine ich wörtlich. Mich beeindruckte ein Film über Radrennfahrer während der Tour de France, die nachts um 3 Uhr ihren Wecker stellen um im Flur des Hotels, in dem sie sich gerade befinden, auf und ab zu laufen, damit ihr Kreislauf in Schwung kommt. Dies hat folgenden Hintergrund: Das von ihnen eingenommene leistungssteigernde EPO (Erythropoietin) senkt den Herzschlag so stark ab, dass das Herz im Schlaf wegen der niedrigen Herzfrequenz in Gefahr ist einfach stehen zu bleiben. Entsprechende Todesfälle sind hinlänglich bekannt. Das ist Selbstoptimierung bis zum Tode.

Es kann aber auch durch vemeintliche Optimierung zum wissenschaftlichen Tod kommen, zum Beispiel durch Fälschung von wissenschaftlichen Daten. An der Uni Tübingen wurde vor einigen Monaten dem international renommierten Neurowissenschaftler Nils Birbaumer nachgewiesen, dass er durch ungenügende Beachtung und Weglassung von Daten Fakten geschaffen hat, die nahe legen, „dass eine Datenfälschung stattfand" (Schwäbisches Tagblatt, 6.6.2019). In der wissenschaftlichen Untersuchung ging es darum, dass Birbaumer aufzeigen wollte, dass er zu sogenannten locked-in Personen (komplett gelähmte Personen ohne Bezug zur Außenwelt) Zugang gefunden habe. Warum riskiert jemand wie Birbaumer seinen internationalen Ruf und sozusagen seinen Tod in der Wissenschaft durch „Optimierung" von Daten?

Ich werde im Folgenden den Zusammenhang zwischen dem Individuationskonzept von C. G. Jung und der Selbstoptimierung darstellen.

Dieses „Werde der du bist" ist eine Aufforderung unserer Seele, die schon seit der Antike besteht und natürlich immer schon ziemliche Blüten getrieben hat und könnte heute eher heißen: Sei doch einfach du selbst bei größtmöglicher Produktivität und Selbstoptimierung" (in Anlehnung an Alain Ehrenberg).

Was ist Individuation? Was ist legitime, manchmal notwendige aber auch verantwortungsvolle Ausdehnung und Überschreitung von Grenzen, um dem eigenen Selbst einen Entfaltungsraum zu verschaffen? Und andererseits: was treibt uns gerade in heutigen Zeiten eines ausufernden Kapitalismus dazu, uns manchmal auf dem Altar der Selbstoptimierung zu opfern?

Ich möchte diesen Fragen nachgehen sowohl auf einer individuellen psychologischen Ebene als auch auf kollektiv-gesellschaftlicher Ebene, gerade im Hinblick auf die Motivationen und Implikationen der Selbstoptimierung.

Welcher Bezug zu uns selbst, zu unserem Selbst spiegelt sich in den heute feststellbaren Tendenzen zur Selbstoptimierung? Und welcher Bezug zur Welt kommt darin zum Ausdruck?

Zeigt sich nicht der kolonialistische Welteroberungsgedanke in der Art und Weise wie wir uns heute unseres Selbstes bemächtigen? Geht es um aggressive Kolonialisierung unseres Selbstes und auch der Welt?

Ich verdanke wichtige Anregungen zu diesem Thema dem Soziologen Hartmut Rosa, der sich sehr ausführlich mit dem Thema der Resonanz in seinem gleichnamigen Buch beschäftigt hat und der mit seinem neuen Buch „Unverfügbarkeit" wesentliche Aspekte dieser Thematik der Selbstoptimierung aufgezeigt hat.

Die dem Kapitalismus inhärente Steigerungsdynamik hat sich längst verselbstständigt. Das schneller, höher, weiter als Ursprungsidee der olympischen Spiele und des Sports, genügt nicht mehr und wird auf alle Lebensbereiche ausgedehnt. Genug ist nicht genug, das ist die Devise. Hartmut Rosa bezeichnet dies als „Prinzip der unablässigen Reichweitenvergrößerung" (Rosa,2018, S. 11).

Die olympische Idee, die den Wettbewerb der Besten fördern wollte, war früher eine Verheißung. Sie brachte Ruhm, Ehre, Anerkennung und auf einer inneren psychischen Ebene eine Form von gelingender Selbstzufriedenheit und auch Selbstachtung. Dies scheint in der Moderne nicht mehr zu genügen. Die ursprünglich hoffnungs- und verheißungsvolle und förderliche Tendenz zur Überschreitung der Grenzen und auch zur Reichweitenvergrößerung wurde gerade durch die exzessive Wachstumsideologie und durch die Möglichkeiten der Digitalisierung zur Bedrohung. Sie richtet sich inzwischen gegen die menschlichen Bedürfnisse und gegen das Leben.

Denken wir an die Klimaverschlechterung als Folge dieser ungebremsten Steigerungsdynamik. Rosa schreibt: „Wachstum, Beschleunigung und Innovierung erscheinen nicht mehr als Versprechen, das Leben immer besser zu machen, sondern als apokalyptisch-klaustrophobische Drohung." (S. 12)

Im beruflichen Bereich finden wir die massive Zunahme von Burn-out-Zuständen als einem psychischen Symptom, bei welchem der Einzelne die Optimierungsanforderungen der Firma, des Arbeitgebers oder allgemein der Gesellschaft nicht mehr erfüllen kann. Und man kann sicher sagen: auf einer unbewussten Ebene auch nicht mehr erfüllen will. Hier steckt im Symptom des depressiven Burn-outs auch ein sehr sinnvoller Aspekt der Verweigerung gegenüber den wahnsinnigen Anforderungen. Das Selbst wehrt sich auf seine Weise.

Im Burn-out kommt es zu einem Verstummen der Welt. Alle Resonanzachsen sind „auf stumm gestellt" wie Rosa (2018, S. 28) es ausdrückt: „Die leibliche Weltbeziehung ist pathologisch reduziert, die Natur ist tot, ... die sozialen Beziehungen sind von ... Abneigung und Verachtung geprägt."

Das ist die Beschreibung einer Depression: der Körper wird nicht mehr in seiner regulierenden Funktion gespürt. Die Blumen blühen nicht mehr. Das Interesse an freundschaftlichen Beziehungen kommt zum Erliegen. Alles wird bedeutungslos und in oft zynischer-verachtender Weise wird das letzte Interesse an der Welt vernichtet.

Die Menschen wollen sich durchaus engagieren. Aber die Steigerungsdynamik lässt sie oft nur hoffnungslos-depressiv zurück, mit einem Gefühl von Versagen, Insuffizienz und Ineffizienz.

Am Burn-out wird die Änderung der psychischen Motivationslage sehr deutlich: Engagement und eine gewisse Identifizierung mit den Zielen des Arbeitgebers sollte früher ein positives, hoffnungsvolles Selbstgefühl und Wir-Gefühl schaffen. Heute, in Zeiten der maximalen Flexibilisierung, ist dies nicht mehr gewünscht. Qualitäten wie Loyalität und Verbundenheit sind höchstens noch Sekundärtugenden, die stören, wenn es darum geht den Angestellten „frei zu setzen", wie dieser Sprachgebrauch ja so entlarvend offen für Kündigung benutzt wird. Das ist die Pervertierung des Freiheitsbegriffs: Freiheit sich selbst zu optimieren, Freiheit sich selbst auszubeuten. Freiheit in Hartz IV zu gehen.

Hier sind die positiven Grundgedanken einer freien Gesellschaft ins Gegenteil verkehrt. Es wäre meines Erachtens in demokratischen, menschenwürdigen Gesellschaften ein erstrebenswertes, wertvolles Ziel, ein hohes Maß an Freiheit und wirklicher Selbstbestimmung zu ermöglichen.

Unter der Dominanz der Selbstoptimierung geht es heute um Abwehr von Angst und Versagen. Wer nicht das hohe Lied der Steigerungsdynamik singt, dem droht Abstieg, berufliche Deklassierung, soziale Vereinzelung, ein Gefühl abgehängt zu sein.

Es kommt zu einer Verschränkung von strukturellen Merkmalen unserer Wirtschaftsordnung in der das „immer mehr" zentrales Motiv ist mit dem archetypischen psychischen Motiv der „Weltreichweitenvergrößerung".

Von Beginn unseres Lebens an ist der Drang zur Expansion eine treibende Kraft. Das Baby ruft in die Welt hinaus, wenn es Hunger hat und bewirkt durch sein Schreien, da es selbst sich noch nicht zur Mutter bewegen kann, dass die Mutter (also in diesem ersten halben Lebens-

Foto: Lebedev Roman Olegovich. Shutterstock: 749159830

jahr die Welt des Babys) sich auf das Kind zubewegt und es stillt. Wenn dieses Rufen des Babys seinen Zweck erfüllt und die Mutter sich dem Kind angemessen zuwendet, so formt sich in der Psyche des Kindes allmählich das, was wir als Effektanzerleben, bzw. Selbstwirksamkeitserleben bezeichnen.

Dies ist ein innerlich verankertes Gefühl, dass ich in dieser Welt etwas bewirken kann, dass ich nicht ohnmächtig nur vor Hunger schreien kann, sondern, dass das Schreien – bzw in späteren Jahren – das sich Einsetzen für die eigenen Interessen von Erfolg gekrönt ist. Und dieses innere Motiv etwas in Bewegung (emotio von e-movere – in Bewegung bringen) bringen zu wollen und das Erforschen, was die Welt bewegt, bleibt ein zentrales Motiv für uns Menschen. In solch gelingenden Mutter Kind-Interaktionen und natürlich auch Vater-Kind-Interaktionen wird ein ganz positives Neugierverhalten geweckt. Es ist also ein ganz natürlicher Prozess, dass wir uns die Welt verfügbar machen wollen, indem wir unseren Radius vergrößern, unsere Weltreichweite erweitern.

Denken wir an unsere eigene Kindheit: der Tretroller, das erste Fahrrad, das Moped, später sogar ein Auto. Welche enorme Reichweitenvergrößerung haben wir dadurch erfahren. Das geschieht auch auf kollektiv-gesellschaftlicher Ebene: Wir nutzen die Autobahnen, das Flugzeug, die Reisen in ferne Länder und nicht zuletzt geschieht eine enorme Reichweitenvergrößerung durch das Internet. Und sie bemerken vermutlich beim Lesen, dass wir diese Fortschritte gar nicht mehr ohne einschränkende und bedrohliche Assoziationen denken und aussprechen können: die Staus, der CO_2-Ausstoß, die Umweltzerstörung, die Klimaverschlechterung. Es ist die als Zwang empfundene ständige Verfügbarkeit und die damit verbundene scheinbare Optimierung aller Vorgänge, die uns oft in Not bringt.

Optimierung ist schon lange kein eindeutig positiv besetzter Begriff mehr: Die Kurve der Optimierung zeigt nach unten. Sie wendet sich gegen uns. Dies geschieht individuell bei der Selbstoptimierung der körperlichen und geistigen Leistungen und es geschieht kollektiv-gesellschaftlich in der optimierenden Durchdringung aller Lebensbereiche. Die Art und Weise, wie wir uns die Welt verfügbar machen – sie funktioniert nicht mehr.

Marie Louise von Franz sprach in diesem Zusammenhang vom „irregeleiteten Ich", bei welchem die heilenden Kräfte, die zu höherer Bewusstheit drängende Seite unserer Psyche, sich im Kampf befindet mit dem „finsteren Abgrund der Selbstzerstörung" (v. Franz, 1980, S. 12). Die

Integration der unterschiedlichen Seiten kann nicht mehr wirksam werden und zur Entfaltung kommen.

Ich denke, wir können bei der wachsenden Tendenz zur Selbstoptimierung wirklich von einem „irregeleiteten Ich" sprechen – einem Ich, das der Idee der absoluten Verfügbarkeit verfallen ist. Wo bleibt bei all dem unsere ganz persönliche schöpferische, auch geistige Entfaltung, unsere Individuation?

Individuation und Selbst-Findung

Wie hat Jung die Individuation verstanden, wie verstehen wir sie heute?

Selbstverständlich gibt es unter dem Aspekt der Optimierung auch Individuation. Es ist ja nicht jede Optimierung verwerflich oder abzulehnen. Das Bedürfnis nach Entwicklung, und das Streben nach Verbesserung liegt auch in unserer Natur.

Zur Individuation gehört, auch die eigenen Begabungen zu leben, auszubauen und nicht verlottern zu lassen. Wenn jemand musikalisch veranlagt ist, dann ist es gut und richtig diese Begabung zu vervollständigen, zu optimieren.

Für C. G. Jung steht in seinem Entwicklungsmodell der Psyche die Individuation an zentraler Stelle. Mit der Individuation, – wörtlich übersetzt das Ungeteilte, das Unteilbare – meint Jung den Prozess des Zu-sich-selbst-Findens in seiner eigenen Persönlichkeit. Es geht darum, die eigenen Veranlagungen, die eigenen Ressourcen, die eigenen Sonnen- und Schattenseiten zu erkennen.

Es geht darum das eigene Gewordensein zu erfassen und ein Gefühl dafür zu bekommen, wie wir gemeint sein könnten. Individuation wird bei Jung verstanden als Realisierung des allumfassenden Selbst, und nicht nur als Ich-Entwicklung, die sehr schnell zu Egozentrismus führen könnte. Es geht in diesem Prozess der Individuation um die Balance auf der Ich-Selbst-Achse, wie Erich Neumann es genannt hat.

Jung weist schon sehr eindeutig und explizit auf die Gefahr der Überbetonung des Ich hin. Er schreibt: Dieses Missverständnis (dass Egoisten „selbstisch" seien B.L.) ist ganz allgemein, indem man ungenügend zwischen Individualismus und Individuation unterscheidet." (GW 7, § 267)

Individuation und Gemeinschaft

Den Individualismus bezeichnet Jung als „Hervorheben und Betonung der vermeintlichen Eigenart im Gegensatz zu kollektiven Rücksichten und Verpflichtungen." Wo hingegen Individuation „geradezu eine bessere und völligere Erfüllung der kollektiven Bestimmungen des Menschen...." bedeutet (ebd.).

Bei Jung wird Individuation also sehr deutlich in einen kollektiven Bestimmungsrahmen mit den anderen Menschen wie auch der gesamten Menschheit gebracht.

Wenn wir von Individuation sprechen, taucht aber meist das Bild des individuierten Menschen in der Form auf, dass er oder sie altersweise, in sich ruhend und stabil in sich gelagert ist, und dass ihn oder sie die Fährnisse des Lebens nicht mehr viel tangieren. Es taucht ein Bild eines Menschen auf, der durch seine Schattenintegration und durch seine Introspektion die Tiefen der eigenen Person erkannt und vielleicht sogar verstanden hat. Dies ist aber ein sehr einseitiges und solipsistisches Bild, in welchem der Selbstbezug überbetont ist und der Bezug und die Bindung zur Welt zu kurz kommt. Wenn Menschen sich gegen Stuttgart 21 wehren oder sich für ein gesundes Klima einsetzen, dann kann das Individuation in bestem Sinne sein.

Individuation ist zu einem wichtigen Teil auch die Selbsterforschung. Dazu gehört die Beschäftigung mit dem Unbewussten über Träume, Imaginationen und anderen Möglichkeiten sich dem Unbewussten anzunähern wie dem Sandspiel, dem Malen aus dem Unbewussten oder auch sich in Gruppen wie im Psychodrama kennen zu lernen.

Das ist aber nur der eine Aspekt der Individuation. Der andere Aspekt bezieht sich darauf, dass wir soziale Wesen sind, dass der Mensch ein zoon politkon ist, dass wir immer auf den Anderen, auf ein Du ausgerichtet sind. Und wir stehen immer in einem lebendigen Bezug zu unserer Umwelt und Mitwelt, zu unserer Geschichte und zur Gesellschaft .

In der Weiterentwicklung der Analytischen Psychologie nach C. G. Jung hat sich in dieser Hinsicht vieles verändert. Der Weltbezug der Analytischen Psychologie ist stärker in den Vordergrund getreten. Denn es geht nicht nur um die autonomen Innenbewegungen der eigenen Psyche, sondern auch um das In-Beziehung-Stehen, um eine Resonanz zur Welt und zu den

Jetzt noch rasch ein „Selfie": Das Zeitalter der narzisstischen Selbstbespiegelung.
Foto: Golubovy, Shutterstock 1119585926

anderen Menschen und auch zur Natur. Martin Buber meint wohl das Gleiche, wenn er seinen zentralen Begriff des „Ich-Du" als „Grundwort" bezeichnet. Er meint damit eine elementare Zusammengehörigkeit, eine Untrennbarkeit von Ich und Du, die nicht weiter hinterfragbar sei. Das Ich ist nicht ohne das Du verstehbar, nicht definierbar, letztlich nicht erkennbar und auch nicht wirklich fühlbar. Jung formuliert dies so: „Der unbezogene Mensch hat keine Ganzheit, denn er erreicht diese nur durch die Seele, die ihrerseits nicht sein kann ohne ihre andere Seite, welche sich stets im Du findet." (GW 16, S. 263)

Der Bezug zum Anderen und zur Welt ist zentraler Bestandteil der Individuation im Sinn der Analytischen Psychologie. Jung schreibt: „Das Selbst begreift unendlich viel mehr in sich als bloß ein Ich: es ist ebenso der oder die anderen wie das Ich. Individuation schließt die Welt nicht aus, sondern ein." (GW 8, § 432)

Im Seminar über Nietzsches Zarathustra (1934-1939) pointiert Jung (in freier Übersetzung B.L.): „Man kann nicht individuieren ohne mit anderen Menschen zusammen zu sein. Die Individuation findet nicht auf dem Gipfel des Mount Everest statt und auch nicht in einer Höhle, in der man 70 Jahre lang niemandem begegnet."

Individuation ist also ein Prozess, der in das Innere der eigenen Seele führt und ist gleichzeitig eine Hinwendung und Zuwendung zur Welt.

In der Individuation geht es darum, Resonanzen nach Innen zu erfahren und nach Außen zu geben.

Persona

Zu den Themen der Individuation gehört zunächst die Auseinandersetzung mit der Persona, dem Teil unserer Persönlichkeit, der als Bindeglied zwischen unserem Innenleben und den Anforderungen der Gesellschaft verstanden werden kann. Die Persona hat in hohem Maß resonante, Beziehung stiftende Aufgaben zwischen den persönlichen und den kollektiven Welten.

Die Persona wird häufig etwas geringschätzig beurteilt, weil sie, wenn sie zu einseitig ausgeprägt ist, als bloßes Ich zu weit von der Ganzheit des Selbst entfernt ist. Aber eine gut sitzende, angemessene, aber durchaus auch nicht überangepasste Persona ist bedeutsam, damit wir uns im allgemeinen gesellschaftlichen Leben bewegen können.

Was passiert mit der Persona unter der Maßgabe von überzogener Selbstoptimierung? Durch die Selbstoptimierung kommt es zu einer starken und überstarken Ausrichtung an kollektiven Normen und Wertvorstellungen. Um zu genügen, muss ich schön, stark leistungsorientiert, gesund, schlank und möglichst jung sein. Das irregeleitete Ich erleidet einen Selbstverlust. Die Persona, als Vermittlungsorgan zwischen Innen und Außen, erfordert eine gewisse Anpassung an kollektive Muster. Aber sie erfordert kein Aufgeben der eigenen Individualität. In der Selbstoptimierung geschieht ein Paradox: Der innere Aufruf, die Frage wozu bin ich von meiner inneren Persönlichkeit bestimmt, tritt vollkommen in den Hintergrund. Das optimierte Selbst ist ein verlorenes Selbst. Es hat gegen den Mainstream, gegen die veröffentlichte Meinung verloren.

Der Schatten

Ein weiterer Punkt ist die Auseinandersetzung mit dem Schatten. Persona und Schatten stehen in einem Wechselverhältnis. In unserem Schatten liegt Vieles, was wir an uns nicht mögen, wofür wir uns schämen, was unseren personahaften Werten nicht entspricht. Je mehr die Schattenanteile im Unbewussten bleiben, um so stärkere, auch destruktive Kraft können sie entfalten. Dies kann auf individueller Ebene geschehen, z. B. als Jähzorn, Launenhaftigkeit oder aggressive Durchbrüche. Es kann aber auch kollektiv geschehen, wenn die unbewussten Identifikationen sich in Ideologien äußern und zu Gewalt und Krieg führen.

In Zeiten der Selbstoptimierung liegt das Scheitern im Schatten. Das Gelingen, das Perfekte, Effizienz, ein hoher Outcome ist gefordert. Vollkommenheit ist gerade gut genug. C. G. Jung machte übrigens eine schöne Unterscheidung zwischen Vollständigkeit und Vollkommenheit. Eine gewisse Vollständigkeit der inneren Persönlichkeit, ist im Laufe des Individuationsprozesses durchaus erreichbar, wobei zur Vollständigkeit auch ein Bewusstsein über die eigenen Grenzen, Begrenzungen und das eigene Scheitern gehört. Von dieser Vollständigkeit abgegrenzt sieht Jung die Vollkommenheit als eine Perfektion, die uns Menschen einfach nicht gegeben ist. Die Vollkommenheit können wir getrost den Göttern überlassen. Die sind dafür zuständig.

Das selbstoptimierte Streben nach Vollkommenheit ist also ein Streben *contra naturam*, gegen unsere Natur. Wir sind nun mal keine Götter.

Scheitern und Begrenzung sind wesentliche und konstitutionelle Lebenserfahrungen. Denken sie daran, wie kleine Kinder das Laufen lernen. Sie stehen auf, sie fallen hin, sie weinen, und sie stehen wieder auf – sie lernen mit und durch das Scheitern. Das allermeiste im Leben gelingt nicht auf Anhieb. Selbstoptimierung hat meist einen etwas verkniffenen Aspekt, wie die Dinge erreicht werden sollen. Gesünder ist

eine freundlich-lustvolle Haltung zum Scheitern. Viele von ihnen werden die Szene in dem Film Alexis Zorbas kennen, als der Protagonist eine mühsam erbaute Seilbahnkonstruktion zum Abtransport von Holzstämmen zusammenbrechen sieht und voller Inbrunst kommentiert: „Hast du schon einmal etwas so schön zusammenkrachen sehen?" Das nenne ich einen positiven Bezug zum Scheitern.

Die Beschäftigung mit dem eigenen Schatten soll uns immer wieder den Blick öffnen für die Polarität, die allgegenwärtige Existenz des Bösen, des Dunklen, des nicht Gewollten. Wir finden in uns und in unserer heutigen Gesellschaft und politischen Welt genügend Beispiele, wo wir persönlich gehässig, entwertend, vorurteilhaft sind. Auf der politisch gesellschaftlichen Ebene finden wir: Mord, Krieg, Folter, oder die Ignoranz im Umgang mit unserem Weltklima. Die Liste kann beliebig fortgesetzt werden.

Schattenbewusstsein und Schattenintegration bedeutet aber auch, zu sehen, welche Möglichkeitsräume bisher noch nicht betreten wurden. Was blieb bisher noch ungelebt in meinem Leben? Welche Ressourcen, welche Fähigkeiten und Begabungen habe ich nicht wahrgenommen oder verkümmern lassen?

Der innere Mann – die innere Frau

Ein weiterer Aspekt auf dem Individuationsweg ist die Beschäftigung mit Animus und Anima, den jeweils gegengeschlechtlichen Seelenanteilen. Damit ist gemeint, dass im Mann auch die weiblichen Seiten, und in der Frau auch die männlichen Seiten leben wollen. In dieser Hinsicht gibt es ja in unserer Gesellschaft wirklich Fortschritte der individuellen Lebens- und Familiengestaltung als Mann und Frau. Das Ungelebte im Schatten verändert sich bei jungen Männern und Frauen in unserer modernen Gesellschaft an verschiedenen Punkten. Männer nehmen Elternzeit, legen Wert auf die Beziehung zu ihren Kindern und junge Frauen starten durch und haben Freude an der Entfaltung beruflicher Kompetenzen.

Beide Geschlechter eröffnen sich hierbei – aber auch in anderen gesellschaftlichen und politischen Feldern – die Möglichkeit einer Erweiterung durch Rollenflexibilität.

An der nach wie vor relevanten Gender-Debatte um die Gleichberechtigung und Gleichbehandlung von Mann und Frau sehen wir aber auch, dass es auf diesem Weg noch viel Luft nach oben gibt. Da darf es ruhig noch etwas optimierter werden.

Normierung

Die Optimierung trägt immer die Idee der Normierung in sich. Die kollektive Meinung und Haltung weiß scheinbar, wie wir zu sein haben, was wir zu tun und zu lassen haben. In dieser Normierung der Individuation durch den Steigerungsdrang und und Optimierungsdrang geht das Wesentliche der Individuation verloren: Das „Werde, der du bist" als Einzelner und nicht als angepasster statistischer Durchschnitt. Unser wirkliches Selbst droht auf der Strecke zu bleiben. Es gibt ja auch den schönen Spruch: das Beste ist der Feind des Guten. Das heißt: wenn wir zu viel wollen, wenn wir uns optimieren statt vervollständigen wollen, dann wendet sich dies gegen die gute Grundidee. So wie die an sich sehr sinnvolle Weltreichweitenvergrößerung sich schon längst gegen uns gewendet hat.

Die technischen Neuerungen und Möglichkeiten der Optimierung setzen die Standards. Ich möchte dies am Beispiel des Neuro-Enhancements aufzeigen. Dabei geht es um Steigerung von Aufmerksamkeit, Wachheit, Vigilanz und allgemeiner Leistungsfähigkeit, die durch psychotrope Medikamente der Pharmaindustrie erzeugt werden können. Denken wir an Ritalin, Modafinil, aber auch an Beta-Blocker und natürlich die Fülle von antidepressiv wirkenden Substanzen. Diese haben bei wirklich krankhaften Zuständen natürlich ihre Bedeutung und Berechtigung. Aber z. B. Modafinil wird nach Angaben des Herstellers Cephalon zu 90 % aus Verschreibungen außerhalb des zugelassenen Anwendungsgebietes verwendet. Da bewegen wir uns im Bereich „kosmetischer Pharmakologie.", wie Thomas Metzinger (2009, S. 309), der Bewusstseinsphilosoph aus Mainz, es nennt.

Allein die heute vorhandene Möglichkeit ins eigene psychische Management einzugreifen, kann sehr schnell zur Verpflichtung werden. Warum nimmst du nichts ein, wenn man Aufmerksamkeit doch mit Neuro-Enhancement fördern kann? Warum schlägst du dich mit depressiven Stimmungen herum, gegen die es doch Pillen gibt? Aus der Möglichkeit kann sehr schnell eine Aufforderung werden, die bei Nicht-Erfüllung zur Stigmatisierung wird. Metzinger spricht hier von moral-enhancement. So wie es sich gehört,

sich zu waschen, damit wir mit unserem Körpergeruch den Anderen nicht zu sehr belästigen, könnte es eine moralische Pflicht werden die eigene Psyche zu pflegen, zu managen zu optimieren.

Selbstmächtigkeit

Für den Philosophen Wilhelm Schmid, der sich viel mit Selbstfreundschaft und Themen rund um das Thema Glück beschäftigt ist ein zentraler Begriff in der Individuation die „Selbstmächtigkeit."

Zur Selbstmächtigkeit gehört das Wissen und Fühlen um die eigenen Potenzen und Möglichkeiten, um den eigenen Entfaltungs- und Möglichkeitsraum.

Und es geht um den Schatten, nämlich zu erkennen, wofür bin ich nicht geschaffen, wofür bin ich nicht begabt, was liegt mir nicht.

Und es geht darum, zu dem zu stehen, was man nicht mag. Es gibt z. B. Menschen, die einfach keinen Sport mögen. Man ist auch nicht gezwungen, jeden Hype mitzumachen, wenn wieder mal eine „neue Sau durchs Dorf getrieben" wird: Das mag ein musikalischer Modehit sein, oder eine verbale Ausdrucksweise (bei Kindern ist heute alles cool) oder ein Getränk, was man eben heutzutage trinkt. Früher war etwa Aperol das angesagte Getränk, dann war es Hugo und heute ist es wahrscheinlich schon wieder ein neues Getränk.

Es geht um ein Gefühl von Freiheit und Unabhängigkeit in dem Sinne, sich frei zu fühlen von Anderen, die mir Bestätigung und Befriedigung meiner Bedürfnisse versprechen oder in Aussicht stellen. Denken sie an die Botschaften in der Werbung, die genau darauf zielen: Wenn du dieses Parfum kaufst, dann bist du so erfolgreich und schön wie die dargestellten Menschen im Werbespot. Diese Methode zielt auf den psychischen Wunsch, uns mit den Anderen zu identifizieren. Damit haben wir uns aber schon ein Stück weit selbst verlassen. Da sind wir schon irre geleitet.

Selbstmächtigkeit hat nichts mit Herrschaft über sich selbst zu tun. Begebe ich mich auf die Herrschaftsebene, so befinden wir uns im Bereich von Macht und Ohnmacht (W. Schmid, S. 99). Und wo Macht dominiert, kommt es zu Feindschaft und zum Verlust von Beziehung. Wir verlieren die Beziehung zu uns, und es entsteht Selbstfeindschaft und vielleicht auch Fremdenfeindlichkeit.

Diese Art von beziehungsloser Macht trägt den Optimierungsgedanken in sich. Macht strebt nach immer mehr. Sie repräsentiert den negativen Pol der Reichweitenvergrößerung: das Unmäßige, das Unersättliche, das Grenzenlose.

Selbstmächtigkeit dagegen ist bezogen auf sich selbst, auf das Selbst. In der Selbstmächtigkeit erfahren wir uns in unserer Ganzheit, wie Konstantin Wecker es so schön sagt. „Alles geben die Götter ihren Lieblingen ganz. Die Freuden – die unendlichen – und die Leiden – die unendlichen – ganz."

Täuschungen

Das notwendige Scheitern im Optimierungskarussel geht nicht nur mit Enttäuschungen einher, sondern auch mit manchen Täuschungen. Z. B. gibt es die Idee eines Generalisierungseffektes. So existiert etwa die Mär, dass man durch häufiges und viel geübtes Sudoku spielen seine geistigen Fähigkeiten verbessern könnte und einen besseren Zugriff auf die eigene Flexibilität und Kreativität hat. Dieser Verallgemeinerungseffekt besteht aber leider gar nicht. Wenn wir viel Sudoku spielen, dann werden wir im Sudoku spielen besser. Wir optimieren das Spielen – sonst nichts.

Gravierender wird die Angelegenheit bei der Alzheimer-Erkrankung. Wir hören ja immer wieder, wie wichtig es sei, dass wir den üblichen Verdächtigen huldigen um die Progredienz dieser schrecklichen Erkrankung zu verlangsamen. Diese üblichen Verdächtigen sind: körperliche Bewegung, geistige Wachheit und Auseinandersetzung mit und Interesse an der Welt, gesunde Ernährung – und dies alles in möglichst hoher Dosierung. Da waltet schon wieder der Optimierungsgedanke: Wenn du all die Vorschläge einhältst und optimal erfüllst, kannst du viel gegen die Krankheit tun.

Die bittere Wahrheit ist ganz anders. Die einschränkenden Prozesse der geistigen und der körperlichen Leistungen lassen sich auch bei Einhaltung dieser – im Grunde natürlich durchaus gesunden – Maßnahmen leider nur um ein paar Monate hinauszögern – wenn man Glück hat.

Aber die Euphorie, mit der diese „prophylaktischen Maßnahmen" propagiert werden, weist meines Erachtens darauf hin, wie der Optimierungsgedanke dazu eingesetzt bzw. missbraucht wird, um unsere Begrenzungen und auch unsere Ohnmacht nicht wirklich wahrnehmen zu wollen. In diesem Fall liegt die Begrenzung in den geringen Fortschritten der Medizin, die bis heute einfach keine Lösung und keine Heilung der Alzheimerschen Erkrankung zu bieten hat und dies auch, zumindest im nächsten Jahrzehnt, nicht zu erwarten ist.

Eine weitere Selbsttäuschung bezieht sich auf die Ernährungsoptimierung.

Was machen wir für einen Hype darum, ob wir Dinkel- oder Weizenbrötchen zum Frühstück essen, ob wir linksdrehende Margarine oder Butter aufs Brot schmieren, ob wir uns vegetarisch oder vegan ernähren, ob wir genügend Omega-3-Fettsäuren zu uns nehmen. Diese Gedanken sind ja alle nicht falsch. Aber sie werden falsch durch die Ausschließlichkeit der Fokussierung und Zentrierung auf solche Ernährungsthemen, als ob wir unser Glück dadurch herstellen könnten. Der Tübinger Ernährungsmediziner und Diabetologe Andreas Fritsche sieht in der ideologischen Haltung mit der Nahrungsergänzungsmittel und „functional food" gepriesen und propagiert, das heißt gepredigt werden, eine „Art von Ersatzreligion". (Schwäbisches Tagblatt 5.6.19) Er sagt: „Wir denken heute ständig übers Essen nach, können aber nicht mehr kochen."

In dieser quasi-religiösen Optimierungshaltung sind uns Maß und Ziel abhanden gekommen. Angesichts einer Fülle von Faktoren, die auf unsere Gesundheit einwirken (genetische Disposition, Bewegung, körperlicher und psychischer Stress, Gewohnheiten der Lebensführung und nicht zuletzt das Alter), ist die Ernährung nur ein Faktor im Rahmen einer komplexen „Gen-Umwelt-Interaktion". Es geht darum, die Begrenzung unserer Einflussmöglichkeiten und unseres Wissens auszuhalten.

Zu viele Kalorien sind das Eine. Es macht für Übergewichtige durchaus Sinn, Kalorien einzusparen. Das Andere ist manchmal einfach Schicksal, das unsere Gesundheit und Wohlbefinden beeinflusst. Das Schicksal entzieht sich, zum Glück möchte ich sagen, dem Selbstoptimierungsgedanken.

Literatur

Ehrenberg, A. (1998/2004). Das erschöpfte Selbst. Frankfurt: Campus.

Fritsche, A. (2019). Essen als Religionsersatz. Schwäbisches Tagblatt vom 5.6.19,

v Franz, M.-L. (1970). Die Bremer Stadtmusikanten in tiefenpsychologischer Sicht. Zeitschrift für analytische Psychologie und ihre Grenzgebiete. Heft 1, S.12.

Metzinger, T. (2009, 2011). Der Ego-Tunnel. Berliner Taschenbuch Verlag.

Rosa, H. (2016). Resonanz. Eine Soziologie der Weltbeziehung, Frankfurt: Suhrkamp.

Rosa, H. (2018). Unverfügbarkeit. Wien: Residenz Verlag.

Schmid, W. (2004). Mit sich selbst befreundet sein. Fankfurt: Suhrkamp.

Bernd Leibig
Facharzt für psychotherapeutische Medizin, Dozent, Lehr- und Kontrollanalytiker am C. G. Jung-Institut Stuttgart, Paartherapeut, Traumatherapeut, niedergelassen in eigener Praxis in Ammerbuch-Entringen.

Die Ganzheit ist keine Vollkommenheit, sondern eine Vollständigkeit. Durch die Assimilation des Schattens wird der Mensch gewissermaßen körperhaft und damit tritt seine animalische Triebsphäre sowohl wie die primitive oder archaische Psyche in den Lichtkegel des Bewusstseins, woraus sie sich nicht mehr mit Hilfe von Fiktionen und Illusionen verdrängen lässt. Dadurch wird der Mensch zu dem schwierigen Problem, das er eben ist. [...]

Solch ein Mensch weiß, dass, was immer in der Welt verkehrt ist, auch in ihm selber ist, und wenn er nur lernt, mit seinem eigenen Schatten fertig zu werden, dann hat er etwas Wirkliches für die Welt getan.

Es ist ihm dann gelungen, wenigstens einen allerkleinsten Teil der ungelösten riesenhaften Fragen unserer Tage zu beantworten.

C. G. Jung, GW 11, § 91

Stufen der Individuation (1)

Vertieftes Reflektieren bewusster Anteile der Persönlichkeit

Methoden: Introspektion, Biografiearbeit, Erinnern, Tests, Körperarbeit, offene Gespräche, aus Büchern lernen ...

- Wer bin ich?
- Was will ich wirklich?
- Wie ist meine Lebensgeschichte?
- Was sind meine Grundbedürfnisse?
- Was sind meine Persönlichkeitseigenarten?
- Was sind meine mir vertrauten Problemfelder?
- Was sind meine Begabungen und Ressourcen?
- Wie möchte ich nach außen erscheinen? (Persona)
- Wie ordne ich mich bezüglich meiner Persönlichkeitseigenschaften typologisch ein?
- Welche Orientierungsfunktionen (Denken, Fühlen, Wahrnehmen, Intuieren) nutze ich meist und welche weniger?
- Wie lebe ich meine Beziehungen?

Bewusstsein, individuelles, kollektives

Individuationsthemen z. B.
Bewusste / halbbewusste Persönlichkeitsaspekte
Gewohnheiten, typische Verhaltensweisen
Kognitionen, Einstellungen, Werte
Typologische Aspekte, Orientierungsfunktionen
Konflikte, Komplexe, Strukturen
Persona / Schattenseiten
Symptome
Ressourcen

Unbewusstes, individuelles

Individuationsthemen z. B.
Vor-/unbewusste Verhaltensweisen
Vor-/unbewusste Kognitionen, Einstellungen, Werte
Vor-/unbewusste Symptome
Vor-/unbewusste Konflikte, Komplexe, Strukturen
Vor-/unbewusste typologische Aspekte, Schattenanteile
Vor-/unbewusste weibliche und männliche Anteile
Vor-/unbewusste Ressourcen

Unbewusstes, kollektives

Individuationsthemen z. B.
Allgemeinmenschliche, evolutionäre, archetypische Muster
Kollektive Strukturen der Sprache und Kultur
Biologische, physiologische, physikalische Faktoren
Ganzheits- und SELBST-Aspekte
Spirituelle, transpersonale Erfahrungsdimensionen
Unus mundus, Einheitswirklichkeit
Niemals bewusst zu machende Faktoren
Schöpferisches Mysterium

Die Abbildung soll andeuten, dass der fortwährende schöpferische Wandlungsprozess (Kreis) sich vor allem auf bewusste Inhalte der Persönlichkeit bezieht.

Erich Neumanns
Ursprungsgeschichte des Bewusstseins als Orientierung auf dem Weg der Individuation

Gerhard M. Walch

1949, also genau vor 70 Jahren, erschien mit der *Ursprungsgeschichte des Bewusstseins* von Erich Neumann ein Werk, das nicht nur die „Individuation in der zweiten Lebenshälfte" beschreibt, sondern eine Gesamtschau der mythologisch-archetypischen Stadien der Bewusstseinsentwicklung von der Geburt bis zum Tod vermittelt. Erich Neumann dazu:

> Die Selbst-Gestaltung, deren Wirkung in der zweiten Lebenshälfte C. G. Jung „Individuation" genannt hat, hat ihre entscheidende Entwicklungsvorform nicht nur in der ersten Lebenshälfte, sondern schon in der Kindheit. Ich- und Bewusstseinsbildung stehen weitgehend im Zeichen der Selbstgestaltung. Die Ich-Festigkeit, d. h. die Fähigkeit des Ich, sich gegenüber den auflösenden Tendenzen des Unbewussten und der Welt als standhaft zu erweisen, wird schon früh entwickelt, ebenso wie die Tendenz zur Bewusstseinserweiterung, die ebenfalls eine wichtige Voraussetzung der Selbstgestaltung ist.
>
> Neumann, 1949a, S. 49

Wie sehr C. G. Jung von der *Ursprungsgeschichte des Bewusstseins* beeindruckt war, kommt in seinem Vorwort zum Ausdruck, in dem er Erich Neumann bescheinigt, dass ihm

> [...] sein Werk, wie selten eines, in hohem Maße willkommen ist; setzt es doch gerade an der Stelle ein, wo ich, wenn mir ein zweites Leben beschert wäre, auch angefangen hätte [...]. Auf dieser Grundlage ist es ihm gelungen, einerseits eine erstmalige Entwicklungsgeschichte des Bewusstseins aufzubauen, andererseits den Mythos als eine Phänomenologie eben dieser Entwick-

lung darzustellen. Damit gelangt er zu Schlüssen und Einsichten, welche zum Bedeutendsten gehören, was je auf diesem Gebiete geleistet wurde.

> Neumann, 1949a, S. 1 f.

In diesem Werk gelingt Erich Neumann der Nachweis, dass die individuelle und die kollektive Bewusstseinsentwicklung in archetypischen Stadien verläuft. Er sieht die individuelle Bewusstseinsentwicklung als Nachvollzug der kollektiven, indem das Ich-Bewusstsein des Einzelnen die gleichen archetypischen Stadien zu durchschreiten hat, welche innerhalb der Menschheit die Entwicklung des Bewusstseins bestimmt haben.

Jene Individuen, die über den kollektiv-archetypischen Kultur-Kanon hinausgehen, bezeichnet er als die „Großen Einzelnen", die als Kulturbringer das kollektive Bewusstsein zu weiterer Wandlung herausfordern.

Er findet in den aufeinander folgenden Urbildern der Mythen – von den Schöpfungsmythen über die Heldenmythen bis zu den Wandlungsmythen – die Entwicklungsgeschichte des menschlichen Bewusstseins dargestellt. Er stellt den Wandlungsphasen des Ich-Bewusstseins die Wandlungsstufen der Archetypen gegenüber. Damit wird die Ursprungsgeschichte des Bewusstseins zu einer Geschichte der aufeinander folgenden Archetypen, die dem jeweiligen Ich-Bewusstsein begegnen, eine Begegnungs- und Beziehungsgeschichte, die über die Ich-Selbst-Achse verläuft, zwischen dem Ich als Zentrum des Bewusstseins und dem Selbst als Zentrum der Gesamtpersönlichkeit.

Neben dem Ewigkeitscharakter der Archetypen, wie ihn C. G. Jung betont hat, zeigt uns Erich Neumann deren entwicklungsgeschichtliche Bedeutung auf. Auch wenn die Archetypen, welche die Stadien der Bewusstseinsentwicklung bestimmen, nur einen Ausschnitt aus der archetypischen Wirklichkeit bilden, gibt uns diese Sichtweise für die tiefenpsychologisch-psychotherapeutische Theorie und Praxis eine wesentliche Orientierung in der unübersehbaren Symbolik des kollektiven Unbewussten. Neben der einzeltherapeutischen Arbeit eröffnet uns dieses Werk auch neue Horizonte für ein therapeutisches Verständnis von kollektiven und kulturellen Prozessen auf der Grundlage der Analytischen Psychologie.

Dabei berücksichtigt Neumann den Menschen in den jeweiligen Wandlungsphasen seines Bewusstseins und schreibt, dass keine menschliche Erfahrung absolut ist, sondern immer nur in der relativen Bezogenheit auf diese Phasen Gültigkeit hat. Er weist auch darauf hin, dass wir die Stadien der Bewusstseinsentwicklung nicht bewerten dürfen, da es sonst zur Abwertung der früheren Stadien kommt. Stattdessen vergleicht er die einzelnen Stadien mit Stockwerken eines Gebäudes, bei denen die oberen, später dazugekommenen auf die unteren, früheren angewiesen sind. In der Ursprungsgeschichte des Bewusstseins können wir parallel verschiedene Geschichten finden, auch im wörtlichen Sinne des Wortes „Ge-Schichte" als etwas, das Schichte für Schichte aufgebaut ist.

Die Geschichten in der Ursprungsgeschichte

So ergeben sich unterschiedliche entwicklungsgeschichtliche Darstellungen und Betrachtungsmöglichkeiten, die alle miteinander in Beziehung stehen. Die Ursprungsgeschichte des Bewusstseins kann somit gesehen werden als:

1. eine Geschichte der Abfolge der Phasen des Ich-Bewusstseins: vom keimhaften Ich über das kindliche Ich bis hin zum erwachsenen Ich und darüber hinaus zum reifen, individuierten Ich;

2. eine Geschichte der Abfolge der Stadien der Archetypen, die dem Ich-Bewusstsein von innen und außen begegnen und es wandeln: z. B. über die Archetypen Uroboros, Große Mutter, Großer Vater, Drachenkampf und Hieros Gamos;

3. eine Geschichte der mythologischen Entwicklungsstadien von den Schöpfungsmythen über die Heldenmythen bis zu den Wandlungsmythen. Die Mythen spiegeln hier das archetypische Bewusstseinsstadium wider, in dem sich das Kollektiv zur Zeit der Entstehung des

jeweiligen Mythos befand. Mythen können auch als kollektive Träume gesehen werden, wie umgekehrt in großen individuellen Träumen unser persönlicher Mythos sichtbar werden kann;

4. eine Entwicklungsgeschichte der Erscheinungsformen des Numinosen in Entsprechung zur Bewusstseinsentwicklung, wie sie Erich Neumann in seinem ersten Eranos-Vortrag von 1948 *Der mystische Mensch* weiter ausgeführt hat (Neumann, 1949b, s.a. 6. Kap. in: Walch, 2010);

5. eine Geschichte der rituellen Entwicklungsstadien, wie sie Erich Neumann in seinem Eranos-Vortrag von 1950 *Zur psychologischen Bedeutung des Ritus* beschrieben hat (Neumann, 1951). Die Einsicht, dass in jedem Ritual ein bestimmtes archetypisches Bewusstseinsstadium zum Ausdruck kommt, hilft uns nicht nur zum besseren Verständnis von bestehenden Ritualen und von Spontanritualen unserer Klienten, sondern auch zur Entwicklung von Ritualen in der Therapie, die das Hervorbringen der nächsten archetypischen Bewusstseinsstufe im jeweiligen Klienten fördern. Damit können neue, zeitgemäße Initiationsrituale entwickelt werden, wie wir sie in der Initiatischen Therapie anwenden, um z. B. Krisen an Lebensübergängen leichter bewältigen zu können.

6. eine Geschichte der Beziehung zwischen dem Bewusstsein und dem Unbewussten: vom Enthalten-Sein des Bewusstseins im Unbewussten über das Heraustreten des Bewusstseins aus dem Unbewussten und das Sich-Abgrenzen gegenüber dem Unbewussten bis hin zum Sich-Wieder-Einlassen-Und-Verbinden-Können des Bewusstseins mit dem Unbewussten;

7. eine Geschichte der Abfolge verschiedener Stadien der Ich-Selbst-Beziehung, die über die Ich-Selbst-Achse verläuft. Das Selbst bedient sich jenes Archetyps, der die nächste Phase der Bewusstseinsentwicklung bestimmt, um dem Ich damit zu begegnen und die weitere Wandlung zu evozieren. So wird dem Ich-Bewusstsein der Übergang in die jeweils nächste Phase erst ermöglicht.

Die ganze Bewusstseinsentwicklung folgt von Anfang an der Zentroversionstendenz, d. h. der psychischen Ganzheits-, Entwicklungs- und Selbstgestaltungstendenz, welche in den frühen Phasen noch völlig unbewusst wirkt. Dieser Prozess verläuft in der ersten Lebenshälfte von der unbewusst wirksamen psychischen Ganzheit, dem Selbst, zur „Filialisierung", indem das

Selbst im Ich eine „Filiale" errichtet, wodurch es zur Absonderung, Abgrenzung und Behauptung des Ich-Bewusstseins gegenüber dem Unbewussten kommt. In der zweiten Lebenshälfte, insbesondere im Individuationsprozess, bei der Wiederannäherung des Ich an das Selbst, kann es zum Bewusstwerden der Zentroversion im Ich kommen, d. h. zur bewussten Selbst-Erfahrung des Ich und zur bewussten Erfahrung der Ich-Selbst-Achse, wodurch sich das Ich wieder, jetzt aber bewusst, an das Ganzheitszentrum anschließen kann.

In den Mythen finden wir diesen Prozess vorbildlich vorgezeichnet, wobei von Erich Neumann folgende mythologische Stadien und Phasen der Bewusstseinsentwicklung unterschieden werden:

A. Der Schöpfungsmythos
I. Der Uroboros
II. Die Große Mutter
III. Die Trennung der Welteltern
    oder das Gegensatzprinzip

B. Der Heldenmythos
I. Die Geburt des Helden
II. Die Muttertötung
III. Die Vatertötung

C. Der Wandlungsmythos
I. Die Gefangene und der Schatz
II. Die Wandlung oder Osiris

Der Schöpfungsmythos

Die erste Phase der Bewusstseinsentwicklung, die der Ursprungseinheit, in der das Ich mit dem Unbewussten noch völlig verschmolzen und ungetrennt ist, erscheint im alten ägyptischen Symbol des Uroboros, dem Ur-Drachen des Anfangs, der sich selbst in den Schwanz beißt. Diese Urfrühe, die mythologisch mit dem Zustand der Vollkommenheit, dem Runden und dem Paradies beschrieben wird, wird auch als „participation mystique" bezeichnet, die unbewusste Identitätserfahrung zwischen Psyche und Welt.

Der Uroboros erscheint dem noch unentwickelten Ich als Mutter-Archetyp, als uroborische Große Mutter, die in diesem Stadium noch weibliche und männliche Seiten umfasst.

In der nächsten, entscheidenden Phase gelingt dem erstarkenden Ich die Trennung des

Der Uroborus, die Kreisschlange, die ewig schöpferische, aber unbewusste Potenz des Lebens und der Psyche. Zeichnung von Theodoros Pelecanos aus Synosius, einem alchemistischen Traktat (1648). (wikimedia.org)

umschlingenden Uroboros und die Aufspaltung des Archetyps in seine weibliche und seine männliche Seite, in die Welt- bzw. Ureltern, in die Archetypen der Großen Mutter und des Großen Vaters. Bei diesem kosmischen Geschehen, dem ersten „Sonnenaufgang des Ich", kommt es durch die Herauslösung des Ich-Bewusstseins aus dem Unbewussten und zur Trennung in die Gegensätze Bewusstsein und Unbewusstes. Hier tritt die nein-sagende, unterscheidende und trennende Fähigkeit des Bewusstseins hervor, im Gegensatz zur ja-sagenden, alles verbindenden, umfassenden und verschmelzenden Tendenz des Unbewussten.

Dies wird vom Ich auch als Verlust der Ganzheit und als Ur-Schuld erfahren und entspricht mythologisch der Vertreibung aus dem Paradies.

Der Heldenmythos

Mit der Geburt des Ich-Bewusstseins-Helden aus dem Unbewussten geht das Stadium des Schöpfungsmythos in das des Heldenmythos über. Das Ich steht nun in der Mitte zwischen den beiden Hälften des Unbewussten, zwischen dem Archetyp der Großen Mutter und dem des

Ein gemeinsamer Drachenkampf. Die „prima materia"
(das bedrohliche, archaische Unbewusste) wird gefangen und durch Sonne und Mond (Feuer und Wasser) „bearbeitet" (aufgelöst, analysiert, sublimiert,
transformiert ...), um die darin gebundene schöpferische Energie des „Steins der Weisen" zu gewinnen.

Es bleibt aber gleichgültig, ob der Drachenkampf vom Extravertierten außen oder vom Introvertierten innen vollzogen wird. Jedoch ist es nicht nur für die therapeutische Praxis besonders wichtig, zwischen den persönlichen Eltern und den transpersonalen, archetypischen, „erhöhten" Eltern zu unterscheiden, da diese fast immer auf die persönlichen Eltern projiziert werden. Denn der Drachenkampf ist immer ein transpersonales Geschehen.

Das heldische Ich muss sich mit den negativen und festhaltenden Kräften der transpersonalen Eltern, der Großen Mutter und des Großen Vaters, der Natur und der Kultur, auseinandersetzen. Erst wenn mit der Mutter- und der Vatertötung ihre negativen Aspekte überwunden sind, ist der Ich-Bewusstseins-Held zu einer größeren Selbstständigkeit gegenüber den verschlingenden Kräften des Unbewussten gelangt.

Eine Entsprechung dazu finden wir im Sonnenmythos, dem am weitesten verbreiteten Heldenmythos, in dem der Held in der sogenannten Nacht-Meer- oder Unterwelt-Fahrt am Abend im Westen eintaucht, um nach Überwindung des Drachens am tiefsten Punkt um Mitternacht, am Morgen im Osten als neue, siegreich-strahlende Sonne aus dem Dunkel der Nacht wieder unversehrt aufzusteigen.

Erst jetzt, nach der „Wiedergeburt aus Wasser und Geist" (Joh 3,5), nachdem die negativen Kräfte des Unbewussten, der Erdseite und der Geistseite, von Natur und Kultur, überwunden sind, hat das siegreiche heldische Ich seine Doppelnatur erlangt, die Verbindung seiner unteren, irdischen Eros-Seite mit seiner oberen, himmlischen Logos-Seite. Im Drachenkampf wurde vom Helden die furchtbare Seite des Unbewussten, seine Drachenseite, getötet, um die Gefangene, die fruchtbare und Segen spendende Seite des Unbewussten aus der Gewalt des Drachen zu befreien.

Großen Vaters, zwischen Erde und Himmel, der unteren weiblichen Erd-Körper-Welt und der oberen männlichen Himmel-Geist-Welt. Hier finden wir ein ähnliches Modell der Psyche, wie jenes von S. Freud, das das Ich zwischen Es und Über-Ich hineinstellt: Während Freud diese Persönlichkeitsanteile auf das rein Persönlich-Historisch-Biografische reduziert, hebt sie Neumann auf eine archetypisch-transpersonale Ebene.

Im weiteren Verlauf der Bewusstseinsentwicklung erscheinen nun die beiden durch die Heldentat der Trennung vom Ich feindlich herausgeforderten Welteltern nacheinander in ihren negativen Aspekten als Drachen, die das Ich gleich wieder verschlingen wollen. Im darauf folgenden Drachenkampf kommt es zur Auseinandersetzung des Ich-Helden mit diesen Gegensätzen, dem Drachen der Großen Mutter und dem des Großen Vaters.

Diese Zweifrontengefahr, der der Ich-Held nun ausgesetzt ist, besteht von innen wie von außen, von der Sogkraft des Unbewussten innen wie der Welt bzw. des Kollektivs außen.

Der Wandlungsmythos

Das Ziel des Drachenkampfes, wodurch das Stadium des Heldenmythos in das des Wandlungsmythos übergeht, ist nun die schöpferische Gegensatzvereinigung des Ich-Helden mit der befreiten Gefangenen, der Anima, dem aus der Großen Mutter herausgelösten jüngeren Weiblichen.

Durch die Herauslösung der Anima aus der Großen Mutter kommt es zur Herauslösung des Wandlungscharakters aus dem Elementarcharakter des Mutter-Archetyps (vgl. Neumann, 1956). Die Anima ist somit Trägerin des Wandlungscharakters, d.h. der dynamischen, progressiven, den Ich-Helden zur Wandlung bewegenden Seite des Weiblichen, im Gegensatz zum Elementarcharakter, der statischen, konservativen, bergenden, aber auch festhaltenden Seite der Großen Mutter.

So wie es nun beim Mann um die Vereinigung mit der seelischen Anima-Welt geht, so geht es bei der Frau um die Verbindung mit der geistigen Animus-Welt, wodurch die gegensatzvereinigende Ganzheit wieder hergestellt wird. Die weibliche Entwicklung bis zur Gegensatzvereinigung, ihre anfängliche Übereinstimmung mit der männlichen Entwicklung und der späteren Abweichung von ihr, hat Erich Neumann in seinem Beitrag „Die psychologischen Stadien der weiblichen Entwicklung" in seinem Buch „Zur Psychologie des Weiblichen" ausführlich dargestellt (Neumann 1953b).

Mit der „Coniunctio", der Gegensatzvereinigung von Ich-Held und Anima, im sogenannten „Hieros Gamos", in der sich zum ersten Mal ein gleichgewichtiges Weibliches mit einem gleichgewichtigen Männlichen zu einer Ganzheit verbindet, beginnt die Hoch-Zeit der Menschheit und des Menschen, die in der Individualentwicklung vom Ende der Pubertät bis zum Klimakterium reicht.

So wie für den Extravertierten die Deutung des Mythos objektstufig erfolgen muss, z. B. die vom Ich-Helden befreite Gefangene als wirkliche Frau in der Welt, so muss sie für den Introvertierten subjektstufig erfolgen, wodurch der Mythos zum innerseelischen Geschehen wird. Durch die Verbindung der erkennenden, gestaltenden und sich in der Welt verwirklichenden Ich-Bewusstseins-Seite mit der schöpferischen und fruchtbaren Seite des Unbewussten wird der Mensch zum Kulturbringer und „Großen Einzelnen". Dadurch erfolgt seine wahre Geburt. Im schöpferischen Akt, durch die Hebung des Schatzes wird er zum Ebenbild der schöpferischen Gottheit.

Zentroversion und Ganzheit

In der letzten Phase der Bewusstseinsentwicklung kommt es zur Bewusstwerdung der Zentroversion. Dabei geht es nicht mehr um eine Anpassung an die äußere oder innere Welt (Extra- oder Introversion) und deren Veränderung, sondern um die Veränderung, Wandlung und Gestaltung der Persönlichkeit aus der Erfahrung des Selbst (Zentroversion).

Es beginnt die End- und Reifezeit der Menschheits- und Persönlichkeitsentwicklung. Während es bisher zur Ich-Entwicklung und zur Differenzierung in Bewusstsein und Unbewusstes kam, kommt es nun zur Selbst-Erfahrung und zur Integration von Bewusstsein und Unbewusstem, jedoch nicht durch Auflösung des Ich-Bewusstseins, sondern durch Bewusstseins-Erweiterung in der Selbst-Besinnung des Ich.

Es erfolgt also in der Individuation eine Umkehr, eine Lebenswende, ein zur bisherigen Entwicklung entgegengesetzter Prozess. Das Ich wird jetzt zum bewussten und freiwilligen Instrument der Selbst-Offenbarung (gemäß dem Christus-Wort: „Nicht mein, sondern dein Wille geschehe." Lk 22,4-2)

Im sogenannten vereinigenden Symbol, dessen höchster Ausdruck uns im Symbol des Mandalas erscheint, manifestiert sich die Zentroversion, die Ganzheit des Individuums und die höchste Form der Synthese, indem es die Positionen des Bewusstseins und des Unbewussten transzendiert. Durch die Zentrumsverschiebung vom Ich zum Selbst, der inneren kopernikanischen Wende, erfährt sich die Persönlichkeit nicht mehr identisch mit dem Ich und dessen Vergänglichkeit, sondern kann sich mit dem unvergänglichen Selbst verbinden.

Dieses Geschehen, das im Individuationsprozess vom modernen Menschen nachvollzogen wird, zeigt sich sowohl im Osiris-Mythos (in der Verbindung von Horus und Osiris, die der Verbindung von Ich und Selbst entsprechen), im ägyptischen Königsritual (in der Identifizierung des Pharao mit Osiris) und im *Tibetischen Totenbuch* (in der Verbindung des Sterbenden mit Buddha Amitabha, dem Buddha des unermesslichen Lichtglanzes) als auch im Christus-Wort „Ich und der Vater sind eins." (Joh 10,30)

INDIVIDUATION

Deutung in Bezug zur *Ursprungsgeschichte des Bewusstseins*: Vom inneren Kreis des Uroboros über das Quadrat des Archetyps der Großen Mutter über das Dreieck des Archetyps des Großen Vaters zur Coniunctio von Anima und Animus bis zur kosmischen Gegensatzvereinigung in der Selbst- und Ganzheitssymbolik des Mandalas. (Stoltzius von Stoltzenberg, „Viridarium chymicum" – chymisches Lustgärtlein, Figur 19, Frankfurt, 1624)

Hiermit sind wir am Ende der bisher möglichen Bewusstseinsentwicklung angelangt. Aber da die Ganzwerdung und die daraus erfahrene Verwandlung nie gänzlich abgeschlossen sind, sind wir dann am Ziel, wenn wir weiterhin auf dem Weg der Ganzwerdung und Wandlung bleiben.

Literatur

Neumann, E. (1949a). Ursprungsgeschichte des Bewusstseins. Zürich: Rascher.

Neumann, E. (1949b). Der mystische Mensch. Eranos-Jahrbuch 1948, Band XVII. Zürich: Rhein. Neuherausgabe als PDF-Datei Stuttgart: opus magnum 2005.

Neumann, E. (1951). Zur psychologischen Bedeutung des Ritus. Eranos-Jahrbuch 1950 Zürich: Rhein. Neuherausgabe als PDF-Datei Stuttgart: opus magnum 2005.

Neumann, E. (1953a). Der mystische Mensch. Zürich: Rascher. Neuherausgabe als PDF-Dateien; Stuttgart: opus magnum 2005.

Neumann, E. (1956). Die große Mutter. Zürich: Rhein. Neuauflage: Düsseldorf: Patmos 2003.

Walch, G. M. (2010). Wandlungen des Bewusstseins – Erich Neumanns Tiefenpsychologie der Kultur. Stuttgart: opus magnum (4. überarbeitete Auflage 2019).

Walch, G. M. (2005 und 2018): Vorlesungen und Seminare zu Leben und Werk Erich Neumanns: 17 Audio-MP3-Dateien und ein PDF-Datei: Stuttgart: opus magnum unter: https://opus-magnum.com/walch-gerhard-m

Gerhard M. Walch
Dipl. Leib-, Atem-, Stimm-, Tanz- und Psychotherapeut (ECP), Dozent an den C. G. Jung Instituten Zürich, Stuttgart und Dresden sowie an der Stiftung Eranos in Ascona und in Schloss Hofen. Herausgeber von Werken Erich Neumanns (im Fischer-Verlag, Frankfurt a.M. und Verlag opus magnum, Stuttgart), Autor zahlreicher Publikationen.

Bei dem vorliegenden Aufsatz handelt es sich um einen leicht modifizierten Auszug aus dem Buch *Wandlungen des Bewusstseins – Erich Neumanns Tiefenpsychologie der Kultur.* (Walch, 2010, 4. Auflage 2019, opus magnum).

„ … Weib und Mann reichen an die Gottheit an … "

Individuation und Einweihung in Mozarts Oper *Die Zauberflöte*

Gidon Horowitz

Mozarts Oper *Die Zauberflöte* – Märchen, Mysterienspiel und Volkstheaterstück – thematisiert auf vielen Ebenen nicht mehr und nicht weniger als das pure Leben und die ewige Suche nach dem richtigen Weg, nach einer lebenswerteren Gesellschaft. Eine Möglichkeit der Interpretation ist die Betrachtung der Geschichte und ihrer Figuren aus dem Blickwinkel des von C. G. Jung entwickelten psychoanalytischen Ansatzes. Juliane Luster, Operndramaturgin am Theater Basel, traf sich dazu mit dem Psychotherapeuten und Märchenerzähler Gidon Horowitz. Der vorliegende Artikel ist eine leicht überarbeitete Fassung dieses Interviews von 2015 (mit freundlicher Genehmigung des Theaters Basel.)

Ein Kern der Psychologie C. G. Jungs ist der des Individuationswegs. Was steckt hinter diesem Begriff?

C. G. Jung versteht unter Individuation, dass ein Mensch auf seinem Lebensweg sein innerstes Wesen, sein Selbst, so weit wie möglich verwirklicht. Das Selbst im Sinne Jungs ist ein Archetyp und reicht weit über das Ich hinaus, es umfasst die gesamte Persönlichkeit. Die Selbstwerdung geschieht da, wo wir unsere ganz eigenen, unserem Leben entsprechenden Antworten auf die Fragen und Schwierigkeiten suchen, die uns allen im Leben immer wieder begegnen. Insbesondere in Übergangssituationen wie z.B. der Pubertät, dem Finden des Partners, der Partnerin, dem Finden des beruflichen Weges oder dem Übergang in die zweite Lebenshälfte sind wir herausgefordert, unsere bisherige Lebenseinstellung zu ändern.

In der *Zauberflöte* treffen wir zu Beginn auf einen verängstigten Helden, Tamino, der von einer Schlange verfolgt und von drei Damen gerettet wird, und schließlich von der Königin der Nacht den Auftrag erhält, ihre Tochter zu retten.

Tamino befindet sich zu Beginn im Reich der Königin der Nacht und somit im Bereich der „Großen Mutter". Die Schlange gehört auch zu diesem Bereich. Mit der Schlange wird der verschlingende Aspekt des Archetyps der „Großen Mutter" verdeutlicht.

Die Königin der Nacht erscheint aber nicht selbst als Schlange. Die Schlange ist ein Aspekt der Königin der Nacht. Die drei Damen, die auch als Aspekt der Königin der Nacht gesehen werden können, retten Tamino und töten die Schlange. Die Königin der Nacht will Tamino also nicht auffressen, aber sie zeigt, dass sie es könnte.

Mit dem Bildnis ihrer Tochter, das sie Tamino bringen lässt, macht sie den jungen Helden mit dem bekannt, was C. G. Jung Anima genannt hat – die weibliche Seite des Mannes.

In der Bildnisarie wird deutlich, wie sehr Tamino von der Anima ergriffen ist. Außerdem gibt die Königin der Nacht ihm die Zauberflöte, gibt ihm Papageno und die drei Knaben mit auf den Weg. Das Verschlingende auf der einen Seite und das Gebende auf der anderen Seite – das ist die Ambivalenz der „Großen Mutter".

Tiefenpsychologisch betrachtet, macht sich Tamino gemeinsam mit Papageno auf, den vor ihm liegenden Übergang seines Individuationswegs zu bestehen. Was bedeutet unter diesem Aspekt Sarastros Reich als erstes Etappenziel auf diesem Weg?

Der junge Mann, der zunächst noch ganz im Bereich des Mütterlichen verhaftet ist, muss zum Väterlichen, mit dem er sich auch auseinandersetzen muss, aufbrechen. Die Anima führt ihn dorthin. Sie ist Seelenführerin, wenn sie lebensfördernd ist. Sarastro hat väterliche,

Die Welt der Königin der Nacht, dem Prinzip der Natur und der schöpferischen Energie des Lebens. (Karl Friedrich Schinkel, Die Sternenhalle der Königin der Nacht, 1815)

priesterliche Aspekte. Er verkörpert die hohen Ideale – das könnte man im psychologischen Sinn mit väterlich, männlich in Verbindung bringen. Wobei das keine geschlechtsspezifische Ausschließlichkeit meint. In jedem Menschen finden sich diese Aspekte.

Vom Archetypischen her ist die Mutter diejenige, die nährt und gibt, die aber auch festhalten und verschlingen kann. Der Vater fordert und fördert, er kann aber auch überfordern. Der lebensfeindliche Vater stellt unlösbare Aufgaben und entwertet so seine Kinder. Das macht Sarastro nicht. Er ist am Ende auch bereit, zurückzutreten und seine Macht an Sohn und Tochter zu übertragen – das ist etwas, das den guten Vater ausmacht.

Welche negativen Aspekte finden sich bei Sarastro als dem „Großen Vater"?

Karl Kraus hat einmal gesagt: „Das Übel gedeiht hinter dem Ideal am besten." Nach außen leuch-

ten die hehren Ideale, im Untergrund lauern Gewalt, Übergriffe und sexuelles Begehren. Auch das finden wir in Sarastros Welt. Er hat seine Begierden und Abgründe von sich abgespalten. Monostatos, den wir als seinen Schatten verstehen können, lebt sie aus. Sarastro hat Pamina geraubt, er begehrt sie. Aber er muss einsehen, dass sie einen anderen liebt. Sein Begehren wäre mit seinen Idealen nicht in Einklang zu bringen. So lässt er Monostatos schließlich auspeitschen und bestraft damit im Grunde seine eigene Begierde.

Warum wird der leichtfüßige, unambitionierte und auch ungeschickte Papageno zu Taminos Begleiter bestimmt?

Papageno ist ein Naturmensch, ganz irdisch und den Genüssen zugewandt. Er bildet ein Gegengewicht zu Tamino, der hohe Ideale hat und ganz beseelt ist. Die beiden ergänzen einander wunderbar. Sie können als verschiedene Aspekte

Die Welt des Sarastro, dem Prinzip des Logos, des schöpferischen Geistes. Vor den drei Tempeleingängen muss sich Tamino zwischen Natur und Vernunft für die Weisheit entscheiden, den mittleren Tempeleingang. (Simone Quaglio: Drei Tempel. Bühnenbildentwurf, Nationaltheater München, 1818)

einer Person verstanden werden. Im Jung'schen Sinn kann Papageno auch als Schatten Taminos verstanden werden, weil er all das verkörpert, was der Held nicht lebt.

Papageno verkörpert zudem den Archetyp des „Narren", der nicht nach „höherer Weisheit" strebt, aber in seinem irdischen Verbundensein etwas zutiefst Weises hat. Es ist auch Papageno, der als erster Pamina findet. Er kann den Kontakt zu ihr herstellen, weil er den Bezug zum Irdischen, zum Leben hat. Im Gegensatz zu Sarastro nimmt Tamino seinen Schatten an, setzt sich aber auch mit ihm auseinander. Eine solche Auseinandersetzung gehört wesentlich zum Individuationsweg.

Papageno und Monostatos begegnen sich im Verlauf der Geschichte. Wie interpretieren Sie diese Begegnung?

Papageno, der Schatten des Prinzen, überlistet Monostatos, den Schatten des Vaters. Das geschieht zweimal: Beim ersten Mal erschrecken beide voreinander und laufen davon. Papageno hat dann aber die Überlegung, dass es ja schwarze Vögel gibt, warum sollte es dann nicht auch schwarze Menschen geben. Damit überwindet er seine Angst.

Beim zweiten Mal trickst er Monostatos mit dem Glockenspiel aus. Auf der Ebene der Schatten deutet sich also bereits an, welchen Ausgang die Oper nehmen wird: dass es dem Prinzen gelingen wird, über Sarastro hinauszuwachsen.

Für Tamino findet im Finale des ersten Aktes ein Perspektivwechsel statt. Die ursprüngliche, von der Königin gestellte Aufgabe, Pamina zu retten, streift er ab und stellt sich nun ganz dem Weg und den Prüfungen der Eingeweihten. Aus psychologischer Sicht kann man sagen, dass die Anima Tamino bis zu diesem Punkt geführt hat. Jetzt wird es für ihn aber zunächst notwendig sein, sich vom Weiblichen abzugrenzen. Er kommt aus dem Bereich der „Großen Mutter", zu dem er jetzt Distanz aufbauen muss. Und dafür ist auch die Distanz zu Pamina nötig.

Diese Distanzierung äußert sich in den Schweigeprüfungen. Das Schweigen der Partnerin gegenüber, etwas bei sich bewahren zu können, eigenständig zu sein – all das ist notwendig, um Verschmelzungstendenzen entgegenzuwirken, die wiederum gleichzeitig in Papageno präsent sind.

Wenn man Tamino und Papageno als Aspekte einer Person betrachtet, wird in dieser Situation ein innerer Konflikt deutlich: Tamino will standhaft bleiben, Papageno hingegen wehrt sich gegen das Schweigegebot und zeigt auch Angst. Das ist sehr menschlich.

Worum geht es bei den Schweigeprüfungen aus tiefenpsychologischer Sicht?

Sich angemessen abgrenzen zu können, ist in jeder Beziehung wichtig. Wenn die Eigenständigkeit verloren geht, wird auch bald der Respekt voreinander verschwunden sein. Und dann beginnt bald auch die Manipulation des anderen. Sich von der Geliebten abzugrenzen, ist schwer, aber auf dem gemeinsamen Weg manchmal nötig. Wichtig ist dabei vor allem die Erkenntnis, dass Abgrenzung nicht die Beziehung als solche infrage stellt. Darum geht es auch in der „Zauberflöte".

Tamino ist nicht der Einzige, der sich in einem Übergang befindet. Auch Pamina muss ihren Übergang bestehen. Mit welchen Herausforderungen der Individuation sieht sie sich konfrontiert?

Pamina lernen wir als eine sehr liebevolle, verständnisvolle und die Liebe schätzende Frau kennen. Sobald sie von Taminos Liebe erfährt, liebt sie ihn fraglos wider. In der Jung'schen Sprache könnte man Tamino als ihren Animus sehen, als das Bild ihrer männlichen Seite.

Im zweiten Akt erlebt Pamina Schreckliches. Sie ist noch muttergebunden und will zur Mutter zurück. Die Mutter aber befiehlt ihr, Sarastro zu töten. Sollte Pamina diesen Auftrag nicht erfüllen, schwört die Mutter, sie zu verstoßen. Pamina fühlt sich somit von der Mutter verstoßen und muss dann auch noch das Schweigen des Geliebten aushalten. Für sie ist das zu viel. Suizidale Gedanken drängen sich ihr auf und sie kommt in Todesnähe. Diese Todesnähe zu durchleben, gehört mit zu Paminas Prüfungs-

weg. Übrigens muss auch Papageno als Teil seines Prüfungswegs durch die Todesnähe gehen. Und in beiden Situationen sind es die drei Knaben, die rettend eingreifen.

Wer sind die drei Knaben?

In den drei Knaben könnte man so etwas wie das „Göttliche Kind" sehen, und dahinter den Archetyp des Selbst. Die drei Knaben agieren über alle Weltengrenzen hinweg. Sie fördern das Weitergehen im Sinne der Individuation.

Tamino hat auf seinem Weg viele Unterstützer. Sprecher, Priester, die drei Knaben versichern ihm immer den guten Ausgang, wenn er nur durchhält. Pamina aber muss all ihre Prüfungen allein bestehen und mit sich selbst ausmachen. Treibt sie diese Einsamkeit in die Todesnähe?

Vor ihrer Selbstmordszene darf Pamina Tamino noch einmal sehen. Sarastro singt hier zu beiden: „Ihr werdet froh euch Wiedersehen." Damit gibt Sarastro auch Pamina eine Hilfe, Verheißung mit auf den Weg. Für Pamina aber ist das zu wenig, um sich daran festzuhalten. Hinzu kommt, dass Pamina vielleicht auch zornig auf ihre Mutter ist, die ihr einen so fürchterlichen Auftrag gegeben hat und sie mit Verstoßung bedroht. Diesen Zorn kann sie aber nicht ausleben und wendet ihn schließlich gegen sich selbst.

Paminas Retter sind schließlich die drei Knaben. Tamino und Pamina haben damit ihre ersten Prüfungen bestanden – er das Schweigen, sie die Erfahrung von Todesnähe. Nun kommen sie zu dem für den Eintritt in den Weisheitstempel eigentlichen Prüfungsweg – dem Weg durch Feuer und Wasser. Der ist in der Oper aber nur ganz kurz gehalten.

Warum ist dieser Prüfungsweg nur so kurz dargestellt, wo er doch als der entscheidende in der Oper präsentiert wird?

Ich habe den Eindruck, dass die vorherigen Prüfungen zum Prüfungsweg des Lebens selber gehören. Der ist viel wichtiger und auch viel schwerer zu bestehen. Dazu passt auch, dass Papageno und Papagena den Prüfungsweg im Tempel nicht gehen und trotzdem zueinanderfinden und ein Paar bilden.

Der Prüfungsweg im Tempel durch Feuer und Wasser ist also nicht für jeden zwingend vorgeschrieben. Er ist entscheidend für den Weg in den Weisheitstempel, aber nicht zwingend für das

„Der, welcher wandert diese Straße voll Beschwerden, wird rein durch Feuer, Wasser, Luft und Erden; wenn er des Todes Schrecken überwinden kann, schwingt er sich aus der Erde Himmel an." Pamina und Tamino sind den Weg der Einweihung gegangen, sie haben sich den gefährlichen Elementen von Feuer und Wasser gestellt, sie haben einsames Schweigen, die verschlingende Dunkelheit der Nacht und selbst den Tod nicht gescheut und sind dadurch auf eine neue Stufe des Bewusstseins gelangt – hier besonders illustrativ dargestellt in einer Inszenierung von 2007 (San Fransisco).

Leben. Mozart und Schikaneder haben dem Weg durch Feuer und Wasser auch nur wenig Raum gegeben. Es wird nicht gesungen. Es spielt die Zauberflöte, vorrangig begleitet von gedämpften Pauken. Die Zauberflöte kommt aus der tausendjährigen Eiche, also aus dem Reich der Pflanzen, das viel älter ist als das Reich der Menschen und der Tiere. Die Eiche vereint in sich schon Männliches und Weibliches. Durch ihr hartes Holz, ihre aufragende Gestalt und die nährende Kraft ihrer Früchte. Die Flöte wiederum hat eine männliche Gestalt, spielt aber ganz weibliche Töne. Es geht also symbolisch immer wieder um die Vereinigung von Weiblichem und Männlichem.

Welche Bedeutung hat es, dass Pamina kurz vor dieser Tempelführung das Heft in die Hand nimmt und Tamino auffordert, die Flöte zu spielen und ihr zu folgen?

Aus Taminos Perspektive übernimmt Pamina hier wieder die Funktion der Anima, der Seelenführerin. Es ist bemerkenswert, dass in diesem männlich dominierten Tempel die Frau diejenige ist, die führt. Pamina singt zu Tamino: „Ich werde aller Orten an Deiner Seite sein. Ich selbsten führe Dich, die Liebe leitet mich!"

Tiefenpsychologisch macht es Sinn, dass die Anima als „Seelenführerin" diese Rolle übernimmt. Auch gesellschaftlich macht es Sinn: Sarastros frühere Worte, dass das Weib männlicher Führung bedarf, werden ad absurdum geführt, ja geradezu ins Gegenteil verkehrt. Mit seiner Vorstellung, er müsse die Frauen beherrschen, hat Sarastro keine Partnerin gefunden. Das neue Paar, dessen Beziehung auf Liebe und Ebenbürtigkeit beruht, wächst über ihn hinaus.

Heil sei euch Geweihten!
Ihr dränget durch Nacht.
Dank sei dir, Osiris,
Dank dir, Isis, gebracht!
Es siegte die Stärke
Und krönet zum Lohn
Die Schönheit und Weisheit
Mit ewiger Kron'!

Nach der erfolgreich bestandenen letzten Prüfung geht es in der Oper aber noch weiter. Zum einen wird Papagenos Prüfungsweg zu Ende erzählt, aber auch die Königin der Nacht und die drei Damen erscheinen noch einmal. Welche Funktion übernimmt dieses „Nachspiel"?

Nachdem Pamina und Tamino ihren Weg gegangen sind, müssen sich Papagena und Papageno auch noch finden, damit eine Ganzheit entsteht. Beide Paare, die je einen Lebensbereich einer Beziehung anzeigen, gehören zusammen.

Das Wesentliche am Ende der Oper ist für mich nicht die Machtübergabe, sondern die Vollendung des Paares. Das abermalige Auftauchen der Königin der Nacht sehe ich als Warnung. Viele Menschen meinen, wenn sie einen Übergang bestanden haben, seien sie individuiert und alles sei gut. Das ist aber nicht so. In jeder Lebenssituation müssen wir weiter achtsam sein, immer wieder können wir das Richtige oder das Falsche tun.

Ist am Ende des Weges in der *Zauberflöte* ein Ideal der Individuation entstanden?

Die Handlung der Oper ähnelt einem Märchen, sie zeigt keine ganze Lebensgeschichte. Ein Übergang ist geschafft, die beiden bzw. die vier haben sich dahin entwickelt, ein Paar sein zu können. Aber die entstandene Ganzheit ist immer wieder bedroht. Auch das zeigt das Ende der *Zauberflöte*.

Tiefenpsychologisch sehe ich die Vollendung des Paares durch die vier nicht als Utopie, sondern als Darstellung einer Möglichkeit, die uns gegeben ist, die aber immer wieder unsere Achtsamkeit verlangt. Es ist nie vollendet. Dass sowohl Pamina und Tamino als auch Papageno und Papagena ihren persönlichen Übergang auf dem Weg der Individuation durchlaufen, zeigt, dass Individuation nichts Elitäres ist. Es ist ein Prozess, den wir alle durchleben und bei dem wir mehr oder weniger erfolgreich Antworten auf die Fragen suchen, die das Leben uns stellt.

Gidon Horowitz
Märchenerzähler, Schriftsteller, Autor mehrerer Märchenbücher. Psychologischer Psychotherapeut (Psychotherapie/Psychoanalyse, DGAP, IGfAP) in eigener Praxis in Stegen bei Freiburg im Breisgau. Seit 2016 im Vorstand der Internationalen Gesellschaft für Tiefenpsychologie e.V.

Diese Hilfe erhalten die beiden Liebenden von der Zauberflöte, die in sich die Kraft des Männ-lichen mit der des Weiblichen verbindet. So wird letztlich die Musik, die Kunst, in der die Tiefen des Unbewussten mit der Gestaltung durch den Geist am geheimnisvollsten verschmolzen sind, zum Symbol der Gnade. Und in den Worten der Liebenden: „Wir wandeln durch der Töne Macht froh durch des Todes düstre Nacht", wird die Musik der Zauberflöte zur höchsten Offenbarung der Vereinigung des Männlichen mit dem Weiblichen im Zeichen einer Weisheit des Herzens, die das Mysterium von Isis und Osiris andeutet.

Erich Neumann, *Zu Mozarts Zauberflöte*, 1950,
kostenloser download unter www.opus-magnum.com

Wenn nicht nur Zahlen und Figuren ...

Romantische Elemente in der modernen Wissenschaft

Ernst Peter Fischer

Wenn ein Naturwissenschaftler unserer Zeit etwas als romantisch bezeichnet, ist dies negativ gemeint. Die romantische Medizin etwa gilt vielen heutigen Biowissenschaftlern als Inbegriff einer Zeit, die nichts anderes als therapeutischen Nihilismus anbieten konnte und in der man keine Ahnung davon hatte, wie Medikamente gesucht oder gar gefunden werden sollten, die verhindern konnten, dass so viele Menschen so früh und so jung ihr Leben verlieren. Man verklärte lieber den Tod, statt nach den Ursachen des Kindersterbens zu fragen, und man verbrachte zu viel Zeit mit dem Entwurf philosophischer Systeme und widmete sich zu wenig der empirischen Forschung und ihrer Systematik.

Viele der Abneigungen lassen sich nachvollziehen, und zwar vor allem dann, wenn aus der entgegengesetzten – sich verklärt romantischen gebenden – Ecke der Vorwurf zu hören ist, das Aufblühen der Wissenschaften im 19. Jahrhundert und ihre Verwandlung in eine Produktivkraft könnten nur als Unglück verstanden werden, da diese Entwicklung letzten Endes am Menschen vorbeigehen und seine eigentlichen Bedürfnisse übersehen würde. Bei solchen Worten vermisst man einen Hinweis auf die vielen humanen Beiträge der Wissenschaft, die an dieser Stelle allein deswegen nicht aufgezählt werden, weil der traditionelle Fehler vermieden werden soll, den zum Beispiel viele Menschen im Dritten Reich gemacht haben, als sie sich fleißig darum bemühten, die jüdischen Beiträge zur deutschen Kultur hervorzuheben. Wer das Selbstverständliche erläutert – und sei es noch so überzeugend und raffiniert – hat schon eingeräumt, dass es gar nicht so selbstverständlich ist.

Das moderne wissenschaftliche und das überlieferte romantische Denken scheinen gegenläufige Tätigkeiten zu sein, die auf den ersten Blick nicht zusammenfinden können. In diesem Beitrag soll ein zweiter Blick versucht werden, der sich auf gemeinsame Denkfiguren und Einsichten richtet, die sich aufspüren lassen. Vielleicht können vertraute romantische Überlegungen das heutige wissenschaftliche Bemühen in ein neues Licht setzen und die ihm fehlende Dimension des Erlebens zurückgeben. Vielleicht sind rational-wissenschaftliches und poetisch-romantisches Vorgehen nicht konträre, sondern komplementäre Wege zur Wahrheit, die sich oberflächlich widersprechen, während sie zugleich in der Tiefe zusammengehören.

Einsichten der Physik

Am deutlichsten ausgedrückt findet sich diese Ahnung einer Einheit bei dem österreichischen Physiker Wolfgang Pauli, der 1945 mit dem Nobelpreis für sein Fach ausgezeichnet worden ist und in dem Albert Einstein (1879-1955) seinen geistigen Sohn sah.

Wolfgang Pauli, 1900-1958

In den Fünfzigerjahren hat Pauli in einem Vortrag über *Die Wissenschaft und das abendländische Denken* folgendes Bekenntnis abgegeben:

„ Zwar weiß ich viel, doch möcht ich alles wissen." Auf der Suche nach der Weltformel.

Foto: frankie's. Shutterstock, 766012597

Ich glaube, dass es das Schicksal des Abendlandes ist, diese beiden Grundhaltungen, die kritisch rationale, verstehen wollende auf der einen Seite und die mystisch irrationale, das erlösende Einheitserlebnis suchende auf der anderen Seite immer wieder in Verbindung miteinander zu bringen. In der Seele des Menschen werden immer beide Haltungen wohnen, und die eine wird stets die andere als Keim ihres Gegenteils schon in sich tragen. Dadurch entsteht eine Art dialektischer Prozeß, von dem wir nicht wissen, wohin er führt. Ich glaube, als Abendländer müssen wir uns diesem Prozeß anvertrauen und das Gegensatzpaar als komplementär anerkennen.

[...] Indem wir die Spannung der Gegensätze bestehen lassen, müssen wir auch anerkennen, dass wir auf jedem Erkenntnis- oder Erlösungsweg von Faktoren abhängen, die außerhalb unserer Kontrolle sind und die die religiöse Sprache stets als Gnade bezeichnet hat.

Pauli, zit. nach Fischer, 2000

Nach Paulis Ansicht

[...] ist es nur ein schmaler Weg der Wahrheit (sei es eine wissenschaftliche oder eine sonstige Wahrheit), der zwischen der Scylla eines blauen Dunstes von Mystik und der Charybdis eines sterilen Rationalismus hindurchführt. Dieser Weg wird immer voller Fallen sein, und man kann nach beiden Seiten abstürzen.

Pauli, zitiert nach Fischer, 2000

Das Problem steckt natürlich darin, dass einer sich als aufgeklärt verstehenden Gesellschaft, die sich an den Erfolgen der scheinbar rein logisch betriebenen Wissenschaft orientiert, der zweite Fall – der Absturz in die sterile Rationalität – nicht in den Sinn kommt und sie die Gefahr nur von der Gegenseite erwartet.

Natürlich wollte Pauli nicht weg von seiner erfolgreichen Wissenschaft mit ihrem mathematisch-analytischen Hintergrund, die doch so viel erreicht hatte. Ihm ging es um eine Ergänzung, „um die ganzheitlichen Beziehungen zwischen „Innen" und „Außen", nach denen Menschen stets verlangen. Und genau dieser Aspekt schien ihm den Naturwissenschaften seiner Zeit erst nach und nach zuzukommen.

Gemeint ist die Wissenschaft, die in Paulis Geburtsjahr begonnen hatte. Im Oktober 1900 bemerkte Max Planck in Berlin – übrigens weniger zu seiner Freude und mehr zu seinem Leidwesen –, dass sich die Wechselwirkung von Licht und Materie nur korrekt beschreiben ließ, wenn man annahm, dass es bei dem Austausch von Energie zwischen den beiden physikalischen Realitäten diskret (unstetig) zuging.

Die Farben, die ein immer stärker erhitztes und zuletzt schmelzendes Stück Metall zeigt, konnte Planck erst dann erklären, als er das Quantum der Wirkung ins Spiel brachte, aus dem die heute überall zitierten Quantensprünge geworden sind. Es dauerte lange, bis die Physiker verstanden, was das so erfolgreiche Planck'sche Quantum bedeutete, und es war der junge Pauli, der als Teenager am deutlichsten formulierte, welche philosophische Konsequenz hier zu ziehen war.

Mit dem Quantum der Wirkung, so Pauli, ist „das physikalisch Einmalige vom Beobachter nicht mehr abtrennbar", wie es in der klassischen Physik noch möglich war. Es kam dann sogar noch schlimmer, wenn man dies vom Standpunkt der Vertreter des 19. Jahrhunderts so ausdrücken darf.

Bald erkannte Pauli nämlich, dass es zum Beispiel die Bahn eines Elektrons in einem Atom gar nicht in der physikalischen Wirklichkeit („da draußen"), sondern nur im Kopf der Physiker („da drinnen") gab.

Pauli erkannte, dass die Bahn eines Elektrons erst entsteht, wenn jemand sie beobachtet, und diese Idee hat sich bis heute als allgemeingültig erwiesen. Pauli hat diesen Gedanken zuerst in einem Brief an seinen etwa gleichaltrigen Freund Werner Heisenberg (1901-1976) formuliert; es war dann Heisenberg, der den philosophischen Vorschlag ernst nahm und dem es gelang, ihm eine mathematische Fassung zu geben. Dabei ist das entstanden, was heute Quantenmechanik heißt.

Seitdem bekommen die Gegebenheiten auf der atomaren Bühne – man darf nicht mehr von „Gegenständen" sprechen, und man scheut sich, „Mitspieler" zu sagen – ihre Qualitäten erst durch einen Beobachter bzw. durch den Vorgang seiner Beobachtung. Das agierende Subjekt findet natürlich nur, wonach es gefragt hat, auf diese Weise steckt in der Quantenphysik genau das, was bereits ahnungsvoll in dem Distichon vom Mai 1798 zu lesen ist, das Novalis im Rahmen der Vorarbeiten zu den *Lehrlingen zu Sais* geschrieben hat und in dem er die der Hebung des bekannten Schleiers nicht im Tod enden lässt:

Einem gelang es –
er hob den Schleyer der Göttin zu Sais –
Aber was sah er?
Er sah – Wunder des Wunders – Sich selbst.
Novalis, zit. nach Kurzke, 2001

Es muss für Physiker, die am Anfang des 20. Jahrhunderts die Quantentheorie entworfen haben, ein wundersames Erlebnis gewesen sein, als sie merkten, dass sie zwar immer tiefer in die Atome – und damit in das Innere der Welt – eindringen konnten, dass dabei zuletzt aber zwei Dinge passierten.

Zum einen – so der dänische Physiker Niels Bohr (1886-1962), der 1912 das erste Atommodell ersonnen und später mit seiner Hilfe das ganze Periodensystem der Elemente entworfen hat – stellte die neue Physik mit ihren diskreten Quanten und subjektiven Elementen ein wunderbares Beispiel dafür dar, dass man einen Sachverhalt zwar völlig verstanden haben kann – alle experimentellen Ergebnisse wurden schließlich von den mathematischen Theorien präzise vorhergesagt – und doch nur in der Lage ist, über ihn in Bildern und Gleichnissen zu reden.

Und zum zweiten war man bei dieser Reise in das Innerste der Welt nicht auf objektive Gegebenheiten oder mathematische Strukturen getroffen, sondern eben auf sich selbst, auf seine eigene Geschichte.

Es fällt schwer, dabei nicht an *Heinrich von Ofterdingen* zu denken, und zwar an die Stelle des Romans, an der sich Heinrich einem Bergmann anvertraut und ihm in eine Höhle folgt. Im Inneren dieser konkreten Welt treffen die Suchenden und Erkundenden – wie die Quantenmechaniker – auf keine abstrakte Leere, sondern auf eine persönliche Fülle. Konkret treffen sie einen Einsiedler, der ein Buch bei sich hat, „das in einer fremden Sprache geschrieben war". Als Heinrich sich das Buch und seine Bilder näher anschaut, „entdeckte er seine eigene Gestalt ziemlich kenntlich unter den Figuren. Er erschrak und glaubte zu träumen, aber beim wiederhohlten Ansehn konnte er nicht mehr an der vollkommenen Ähnlichkeit zweifeln" (Novalis, zit. nach Kurzke, 2001)

Es scheint, dass an dieser Stelle die Quantenmechanik ihre poetische Form gefunden hat – mehr als zweihundert Jahre, bevor sie eine mathematische Fassung erhielt, von der im Übrigen festzuhalten ist, dass sie ohne imaginäre Dimensionen (im mathematischen Sinne) nicht auskommt. Die Realität lässt sich nur unter einem imaginären Blickwinkel erfassen – eine Einsicht, die außerhalb der Physik zu wenig bedacht und genutzt wird.

Verstehen der Physik

Das oben zitierte Wort der „Figuren" taucht auch in dem berühmten Gedicht auf, das Novalis in den unvollendeten Roman *Heinrich von Ofterdingen* einbauen wollte und in dem „das Wesen der Romantik ausgesprochen zu sein" scheint, wie es oft heißt:

> Wenn nicht mehr Zahlen und Figuren
> Sind Schlüssel aller Kreaturen,
> Wenn die, so singen oder küssen
> Mehr als die Tiefgelehrten wissen,
> ...
> Und man in Märchen und Gedichten
> Erkennt die wahren Weltgeschichten,
> Dann fliegt von einem geheimen Wort
> Das ganze verkehrte Wesen fort.
> Novalis, zit. nach Kurzke, 2001

Allerdings ist in diesem Gedicht von völlig anderen Figuren die Rede. Es geht um die Gebilde der Geometrie, also um Dreiecke und Kreise, und was Novalis bei diesen Zeilen vermutlich im Sinn hatte, ist der seit den Zeiten von Galileo Galilei keck formulierte Anspruch der Naturwissenschaften, alles durch Zahlen und Figuren beweisen und verstehen zu können, denn das Buch der Natur soll in der Sprache der Mathematik geschrieben sein.

Als sich Novalis gegen diese Einstellung wandte, hatte er es schwer, denn am Ende des 18. Jahrhunderts träumten viele Zeitgenossen den Traum der Rationalität und verkündeten Manifeste des systematischen Fortschritts, der den Menschen immer mehr Macht über die Welt sichern würde. Tatsächlich lieferte der Sachverstand in den kommenden Jahrhunderten, was

„Das Schönste und Tiefste, was der Mensch erleben kann, ist das Gefühl des Geheimnisvollen." Albert Einstein, 1932

man von ihm erwartete, und einen Höhepunkt stellt die schon erwähnte Zeit des beginnenden 20. Jahrhunderts dar, als es Albert Einstein mit Zahlen und Figuren sogar gelang, die ganze Welt im Rahmen seiner physikalischen Theorien zu erfassen.

Allerdings: Als Einstein den Kosmos verstand, verstand Alfred Döblin die Welt nicht mehr. Der Autor von Berlin Alexanderplatz protestierte in den Jahren der Weimarer Republik lautstark und öffentlich, als er erfuhr, dass Einsteins Allgemeine Relativitätstheorie und die damit verbundenen Gleichungen der Gravitation den Kosmos und seine raumzeitliche Wirklichkeit offenbar besser beschreiben konnte als alle physikalischen Ansätze zuvor, die mit Isaac Newton begonnen hatten und gewöhnlich mit seinem Namen verbunden geblieben sind.

Das Newton'sche Universum präsentierte den Raum als einen riesengroßen Schuhkarton mit geraden Linien und rechten Winkeln, den eine gleichmäßig träge fließende Zeit durchströmte, ohne irgendeine Wechselwirkung mit ihm eingehen zu können. So etwas konnte man sich leicht vorstellen und anschaulich vor Augen führen.

Doch mit Einsteins Universum ging dies nicht mehr. Mit ihm tauchten seltsame Verzerrungen und Krümmungen in diesem Karton auf, den es zum einen gar nicht mehr ohne Schuhe geben konnte, der zum zweiten gerade durch seinen Inhalt aus der vertrauten Rechtwinkligkeit gerissen wurde und der zum dritten auch mit dem Strom der Zeit ins Gehege kam und ihn umleitete und verzögerte.

Döblins Problem steckte nicht in dieser Akrobatik der vertrackten Anschauung, der zufolge Raum und Zeit nicht bloß entleert werden, sondern selbst verschwinden, wenn man versucht, die Dinge aus ihnen zu entfernen.

Seine Klage richtete sich vielmehr gegen die Tatsache, dass Einstein sein Wissen und seine Kenntnisse über den Kosmos mithilfe komplizierter mathematischer Verfahren gewonnen hatte, in denen es unter anderem um Kovarianz, Tensoranalysis und Differenzialgleichungen ging, also um Hervorbringungen des analytischen Verstandes, die für Döblin und die meisten Menschen unverständlich blieben und unzugänglich bleiben. Für sie gab und gibt es in dieser so abstrakt wirkenden Formelwelt nichts zu verstehen, und der Skandal steckt darin, dass sie damit verurteilt zu sein scheinen, in einem Kosmos zu leben, der nur noch den wenigen Eingeweihten zugänglich ist, die genügend mit der Sprache der höheren Mathematik vertraut sind.

Döblin protestierte dagegen, dass der Erfolg des Forschers den Dichter vom Verständnis der Welt ausschloss, in der doch beide gemeinsam lebten. Wieso konnte es einem großen Teil der Menschen verwehrt sein, etwas über die Strukturen ihrer Welt – über die Geometrie ihres Universums – zu wissen?

Gewöhnlich bedauert man an dieser Stelle die Schwierigkeiten der mathematischen Sprache und weist auf die vielen populären Darstellungen hin, die sich mutig an die Allgemeine Relativitätstheorie wagen und dabei versuchen, mit ihren gebogenen Räumen und gedehnten Zeiten fertig zu werden. Doch können die Leserinnen und Leser mit ihrer Hilfe erfahren und wissen, was Einstein gewusst hat?

Wer versucht, diese Frage zu beantworten, wird feststellen, dass das Hauptproblem im Nachsatz steckt. Wissen wir überhaupt, was Einstein gewusst hat? Wir wissen, wie seine Formel in Lehrbüchern aussieht, und wir wissen aus Experimenten, dass damit bessere Vorhersagen über den Ausgang von Messungen in den kosmischen Weiten des Weltraums zu machen sind als alle konkurrierenden Theorien dies können. Aber wissen wir deshalb, was Einstein verstanden hat?

Einsteins Ziel bestand primär sicher nicht darin, eine Formel zu finden. Er wollte vielmehr etwas über die Raumzeitstruktur der Welt wissen, und er hat dies mithilfe seiner Formel bewerkstelligt. Aber wenn wir nun so einfach sagen, dass Einstein etwas über das Universum durch seine Gleichung weiß, dann sollten wir uns darüber im Klaren sein, dass dies nicht oberflächlich gemeint sein kann, weil das „durch" sehr tief reicht. Wie tief es tatsächlich gehen kann, hat Werner Heisenberg (1969) in seiner Autobiographie *Der Teil und das Ganze* beschrieben.

Er stellt dort den Augenblick (!) dar, in dem einige (andere) mathematische Zeichen auf einem Blatt Papier ihm plötzlich ihre Bedeutung offenbaren und er in ihnen die Grundgesetze der Atome erkennt, und zwar auf die folgende Art und Weise:

> Ich hatte das Gefühl, durch die Oberfläche der atomaren Erscheinungen hindurch auf einen tief darunter liegenden Grund von merkwürdiger innerer Schönheit zu schauen, und es wurde mir fast schwindlig bei dem Gedanken, dass ich nun dieser Fülle von mathematischen Strukturen nachgehen sollte, die die Natur da vor mir ausgebreitet hatte.
> Heisenberg, 1969, S. 81

Es ist wichtig, sich klarzumachen, was Heisenberg bei diesem Einheitserlebnis eigentlich erblickt. Vor ihm auf dem Papier befinden sich doch nur einige mathematische Formeln und Strichgebilde, und aus diesen Zahlen und Figuren kann nur dann das viele Wissen werden, das Heisenberg erregt, wenn die Zeichen den Charakter von Symbolen annehmen.

Dies gilt natürlich auch für Einstein, denn auch ihm sagen die mathematischen Gebilde nur etwas über die Welt – den Kosmos –, wenn er sie als Symbole wahrnimmt und deutet, die nicht nur seine rational ausgerichteten Fähigkeiten ansprechen, sondern ihm auch durch Gefühle Wissen über die Welt verschaffen, wie Heisenberg es beschrieben hat. Und kennen wir nicht alle auch Wissen, das nur durch Gefühle möglich wird?

Mathematische Formeln sind eben nicht das Wissen selbst, um das es geht, sondern sie liefern nur den symbolischen Schlüssel dazu, und es ist nicht nur anzunehmen, sondern wird hier sogar behauptet, dass es noch andere Schlüssel zu demselben Wissen gibt.

Worauf es dann bei der Weitergabe von wissenschaftlichem Wissen ankommt, lässt sich mit einfachen Worten nun so ausdrücken, dass man dafür sorgen muss, den entsprechenden Schlüssel für Menschen wie den Dichter Döblin zu finden, die in mathematischen Formeln keine Symbole entdecken können. Da ihnen diese Begabung fehlt, muss man Bilder oder andere Symbole finden, die ihnen das Wissen über die Wirklichkeit verschaffen, das Einstein und Heisenberg dadurch bekommen, dass sich für sie die mathematischen Zahlen und Figuren in Symbole verwandeln. In beiden Fällen können schließlich die inneren Bilder entstehen, die zum Verstehen führen und die Erinnerung werden, die wir zuletzt als Wissen kennen. Wir können alle dasselbe wissen, müssen aber nicht versuchen, dies mit denselben Symbolen zu erreichen.

Mit anderen Worten, wenn Döblin sich beklagt, dass er den Kosmos nicht verstehen kann, weil er mit den mathematischen Begriffen nicht zurechtkommt, dann versucht er ein grundlegendes Bedürfnis durch ein unpassendes Argument zu rechtfertigen. Man muss ihm keinen Nachhilfeunterricht in Tensoranalysis geben. Man muss ihm ein Symbol oder ein Bild (ein Kunstwerk) vorlegen, das seine Wahrnehmung anspricht, und zwar so, dass dabei das Bild des Kosmos entsteht, das Einstein versteht.

Solch ein Bild oder Symbol zu finden, ist keine Aufgabe, die sich nebenbei erledigen lässt. Man könnte sie Wissenschaftsgestaltung nennen, und für diese Formung des Wissens braucht man mindestens so viel Geschick wie für die Wissenschaft selbst. Bedarf an Wissenschaftsgestaltung besteht in unserer Gesellschaft genug, denn schließlich wollen wir alle die Welt so verstehen wie Einstein den Kosmos. Zum Wissen brauchen die Menschen alle beide, die Zahlen und Figuren ebenso wie das wahrnehmende Erleben.

Die zitierten Zeilen von Novalis sind also ebenso einseitig wie die Überzeugung, die Natur teile sich uns allein in der Sprache der Ma-

thematik mit. Vielleicht darf man die alten Verse modern variieren und schreiben:

Wenn nicht nur Zahlen und Figuren
Sind Schlüssel aller Kreaturen,
Wenn die, so singen oder küssen
So viel wie Tiefgelehrte wissen.

Und auch in Bildern und Gedichten
Sich zeigen wahre Weltgeschichten,
Dann fliegt das Wissen ohne Wort
Dem Menschen zu an seinem Ort.

Die Revolution der Romantik und der Wissenschaft

Wer allgemeiner verstehen will, wie Romantik und Wissenschaft zusammenhängen, ist gut beraten, auf die Darstellung zurückzugreifen, die Isaiah Berlin dieser Epoche der Kultur gegeben hat. Was der 1909 in Riga geborene und den größten Teil seines bis 1997 dauernden Lebens in Oxford ansässige Ideenhistoriker über *Die Revolution der Romantik* denkt, wie er sie ausdrücklich nennt, findet sich an zwei Stellen in der Literatur (Berlin, 1998, 2001).

Berlin geht es in seinen Essays allerdings weniger um naturwissenschaftliche und mehr um ethische Fragen. Entscheidend ist für ihn, dass zu Beginn des 19. Jahrhunderts die traditionelle Überzeugung aufgegeben wurde, der zufolge man – etwa mit den Mitteln der Ethik – herausfinden kann, was die menschliche Natur ist, um ihr anschließend – mit den Mitteln der Politik – Rechnung zu tragen.

Es war genau die Zeit der Romantik, in der einige Intellektuelle die entscheidende Umkehrung im Denken vollzogen, die zu der korrekten Ausgangsposition führt, dass Fragen nach dem rechten Handeln ohne eindeutige Antwort bleiben können und es weder objektive noch subjektive Gründe für entsprechende Entscheidungen gibt.

Die Romantiker erkannten, dass sich sittliche Werte widersprechen können, ohne dass dabei Alternativen zu erkennen wären, und genau diesen Schritt haben die Physiker zweihundert Jahre später vollzogen, als sie erkannten, dass Fragen nach der Natur der Dinge ohne eindeutige Antwort bleiben können und es weder objektive noch subjektive Gründe für entsprechende Entscheidungen gibt.

Zu den Geburtshelfern der von Berlin skizzierten romantischen Wende gehört Immanuel Kant, der in seinen Schriften fragte, was der Mensch tun soll und ihm die Freiheit der Wahl gibt. Kant machte den Menschen auf diese Weise zum Urheber seiner Wertvorstellungen. Bei ihm ist ein Wert etwas, das sich ein Mensch gezielt vorgibt, und nicht etwas, über das er zufällig stolpert. Wertvorstellungen sind keine Naturprodukte, die eine Wissenschaft – etwa die Ethik oder die Soziologie – studieren könnte, sondern Ausdruck freien Handelns und damit des menschlichen Schöpfertums.

Diesen letzten Schluss hat aber nicht Kant gezogen, sondern erst die Denker der Romantik. Ihre philosophischen Vertreter erhoben die Sittlichkeit zum schöpferischen Vorgang, und sie orientierten sich bei diesem Vorgehen am Modell der Kunst. Kreatives Tun – Schöpfung – ist in den Augen der Romantik die einzig ganz und gar selbstbestimmte Aktivität des Menschen. Nur auf diese Weise gelingt ihm die Selbstbefreiung von den kausalen Gesetzen der Physik und den Mechanismen der äußeren Welt.

Indem die Romantiker den Blick auf die Kunst richteten und das Wesen des Menschen in seiner selbstbestimmten Tätigkeit sahen, zerstörten sie die alten Werte der europäischen Sittlichkeit. Ich bin nicht dadurch ich selber, dass ich logisch agiere oder mich der Natur füge. Ich bin erst dann ich selber, wenn ich etwas kreiere. Die Natur ist – in diesem Modell – nicht mehr Mutter oder Gebieterin, sondern das Gegenstück zu meinem Tun und Denken. Natur ist das, dem ich meinen Willen aufzwingen kann. Sie ist der Gegenstand, den ich formen, dem ich Form verleihen kann.

Genau diesen Schritt konnten zu Beginn des 20. Jahrhunderts die Quantenphysiker tun, wie am Beispiel von Pauli und Heisenberg geschildert worden ist. Die Beobachter geben einem Elektron die Bahn, auf der es sich bewegen kann. Sie berechnen (formen) seinen Weg und entwerfen auf diese Weise die Gestalt eines Atoms und dann die aller Elemente, die das Periodische System ausmachen. Die Wissenschaftler bestimmen sogar deren Bindung und damit den Zusammenhang der Welt, und zwar mithilfe einer besonderen (zweiwertigen) Quantenzahl, die Pauli vorgeschlagen hatte, der dabei auf das gestoßen wurde, was die Romantiker schon früher erkannt hatten: Ein Wissenschaftler entwirft

die Natur, die er selbst ist. Er ist natura naturata (geschaffene Natur) und natura naturans (schaffende Natur) in einem, ganz so, wie es den Denkern der Romantik vertraut war.

Alles in Bewegung

In dieser doppelten Natur steckt eine immerwährende Bewegung. Nichts ist, da alles wird. Diese Idee bildet das Herz des romantischen Denkens, wie auch Berlin betont, der das Leben entsprechend als eine unendliche Aktivität deutet, die man auf immer neue Weise mit den Mitteln der Kunst symbolisch auszudrücken und anzusprechen versucht.

Doch wer in unseren Breiten die Bewegung – das Werden – höher als das Sein einstuft, muss mit Schwierigkeiten rechnen, denn bekanntlich ist das „Sein" das liebste Kind der europäischen Philosophie, die viele Formen der Ontologie kennt. „Sein oder Nichtsein" scheint die tiefsinnigste Frage des westlichen Denkens zu lauten, und man wundert sich als Wissenschaftler, wie das gehen kann. Was vorhanden ist, muss doch zunächst entstanden sein, aber eine philosophische Lehre des Werdens gibt es im Abendland nicht. Das Sein scheint ohne Zeit zu sein.

Unsere kulturelle Tradition ist mit dem Erfassen von Stillstand und Festigkeit beschäftigt. Selbst am Anfang aller Bewegungen stellt man ein festes Bewegungsgesetz – etwa bei Newton – oder eine unverrückbare Instanz, die alles verändern und umwandeln kann – etwa den „unbewegten Beweger", den Aristoteles bemüht, um der Welt den Schwung zu geben, den sie braucht. Und am Anfang aller bewegten Dinge steht heute ein Atom (als fest gefügter Baustein) oder ein Gen (als fest umrissene Struktur).

Die westliche Welt denkt statisch seit der Antike, in der Platon Wert auf unveränderliche (ewige) Ideen legte und Euklid unbewegliche geometrische Figuren berechnete. Das heißt, wir beweisen unsere ungebrochene Vorliebe für das Unbewegliche, indem wir ganz selbstverständlich das Attribut „platonisch" – etwa für die Liebe – oder „euklidisch" – etwa für den Raum – verwenden, während wir der entsprechenden Wendung „heraklitisch" eher verständnislos gegenüberstehen.

Dabei hat der Philosoph Heraklit die Aufmerksamkeit schon früh auf das Werden lenken wollen. „Niemand steigt zweimal in denselben Fluss." und „Alles fließt." lauten Einsichten, die von ihm überliefert sind. Wir wandeln uns zwar selbst als ruhende Betrachter – etwa in der Zeit, die es gedauert hat, den Text bis zu dieser Stelle zu lesen –, aber wir meinen trotzdem, unser Leben verläuft in geordneten Bahnen.

Es ist leicht zu verstehen, warum eine an platonischen Texten und euklidischen Figuren ausgerichtete Geisteshaltung Schwierigkeiten mit der heraklitischen Idee der Evolution hat, die als wissenschaftliche Erfassung des Werdens verstanden werden kann. Und es fällt erst recht schwer, sie an den Anfang zu stellen. Genau dies soll aber hier vorgeschlagen werden, und vermutlich können romantisch orientierte Denker damit etwas anfangen.

Im Anfang war dann die Bewegung, die wir Evolution nennen und im Sinne der modernen Naturwissenschaften dadurch charakterisieren können, dass sie ohne einen Plan verlaufen ist: Bewegung pur, sozusagen. Es ist dabei anzunehmen, dass die konkrete irdische Evolution mit einzelligen Formen des Lebens den Anfang gemacht hat. Aus ihnen haben sich im Laufe der Zeit die Vielzeller entwickelt, wobei der Begriff der „Entwicklung" bei ihnen eine besondere Bedeutung bekommen hat, nämlich als Bezeichnung des Lebensabschnitts, in dem sich aus einer Zelle – der befruchteten Eizelle – der ganze Organismus bildet.

Die Fachleute sprechen in diesem Fall von der „Ontogenese", die sie von der umfassenden Evolution als „Phylogenese" (als Stammesgeschichte) unterscheiden. Wichtig an den Begriffen sind die gemeinsamen Endsilben „genese", in der das griechische Wort für Werden steckt. Bibelkundige kennen es als „Genesis", als das 1. Buch Mose, in dem die Schöpfungsgeschichte erzählt wird (was den Hinweis erlaubt, dass die Bibel ebenso wie die Welt nicht mit einer Festsetzung, sondern mit einer Bewegung anhebt). Unter einer „genetischen" Betrachtung verstand man ursprünglich eine Analyse, die das Werden erfassen sollte. In genau diesem Sinne soll es hier um eine genetische Darstellung der menschlichen Natur gehen. Das heißt ausdrücklich, dass es nicht um Anwendungen der Wissenschaft namens Genetik geht, wenn auch gleich von Genen die Rede sein wird. „Genetisch" gab es lange vor den „Genen" und bedeutet viel mehr als „von den Genen abgeleitet".

Im Rahmen der so verstandenen genetischen Betrachtung lässt sich nun sagen, dass die Bewegung der Evolution keine fertigen Produkte bzw. angepasste Lebensformen hervorbringt, sondern eine neue Bewegung: Die Evolution bringt nämlich keine Menschen hervor, sondern den Vorgang (Ontogenese), durch den Menschen entstehen können. Die Bewegung der Evolution generiert die Bewegung der Entwicklung.

Dieser Prozess unterscheidet sich nun auf eine wohl definierte Weise von der Evolution. Die Entwicklung verläuft nämlich nicht mehr ganz ohne Plan. In ihrem Fall gibt es die (im modernen eingeengten Sinne „genetischen") Instruktionen der Erbmoleküle, die den Vorgang einleiten und steuern. Die Gene operieren dabei nicht autonom. Sie agieren keineswegs isoliert und bekommen vielmehr die Möglichkeit, gezielt auf Eigenheiten der Umgebung reagieren zu können. Zu diesem Zweck werden die Zellen mit Mechanismen ausgestattet, mit denen sich Signale berücksichtigen lassen, die von der äußeren Welt kommen und nach innen gelangen.

Der noch langsamen Evolution entwächst die rascher werdende Entwicklung, die sich in sich wandelt und zuletzt ein Organ – das Gehirn – hervorbringt, dessen Formation immer stärker von der Wechselwirkung mit der sinnlich zugänglichen Welt bestimmt wird. Wer diesen Prozess der Verinnerlichung als Wissenschaftler studiert, bekommt den Eindruck, dass die Erschaffung des Gehirns weniger wie die geplante Herstellung eines Werkzeuges, sondern eher wie die Anfertigung eines Gemäldes vor sich geht. In beiden Fällen spielt die Wechselwirkung zwischen der ursprünglichen Vorgabe und ihrer Umsetzung eine Rolle. Während ein Maler seine Arbeit mit seiner bildhaften Vorstellung beginnt, lässt ein Organismus erst seine Gene agieren.

Für Lebewesen und Künstler stellt die Grundkonzeption – entweder die Gene in der Zelle oder die Idee im Kopf – den Ausgangspunkt des bewegten Handelns dar, das anschließend von dem entstehenden und wahrgenommenen Werk mitbestimmt wird, und zwar in der Form, in der es sich nach und nach vor den Augen des Künstlers auf der Leinwand oder in der natürlichen Umgebung des wirklichen Lebens zeigt.

Mit anderen Worten: Die Entwicklung stellt einen Vorgang dar, der alle Chancen hat, Kreativität in die Welt zu bringen, und im Gehirn ist dieses Potenzial weidlich genutzt worden. Diese schöpferische Qualität können wir in dem genetischen Gesamtbild als die dritte Stufe der Be-

In diesem alchemistischen Laboratorium waren einst Kunst (Vordergrund Mitte), Spiritualität, Symbolik (links) und wissenschaftliches Experimentieren (rechts) noch eng miteinander verbunden. Und in einem über dem Portal befindlichen Leitspruch heißt es gar: „Im Schlafen wache!", um die nächtlichen Inspirationen zu nutzen.
Abb. aus: H. Khunrath, Amphitheatrum Sapientiae Aeternae Solius Verae, 1609

wegung deuten, die aus der anfänglichen Urbewegung der Evolution entstanden ist. Kreativität ist – so gesehen – nichts Unzugängliches, wohl aber – als erlebbare Befreiung – etwas Schönes. Kreativität bleibt unverändert geheimnisvoll, jetzt aber genauso wie die Evolution und die Entwicklung des Lebens.

Ein schöner Gedanke, der den Romantikern gefallen hätte. Er zeigt, dass die Idee der grundlegenden Bewegung im Denken sehr weit führen kann, woraus weiter folgt, dass sich keine Erklärung der Welt mit Zahlen und Figuren zufriedengeben kann. Vielmehr braucht auch die Wissenschaft irgendwann Geschichten. Sie erzählen zuletzt von uns selbst. Und da es kein festes Ende geben kann, bleibt unsere Geschichte so offen wie das Buch, das Heinrich bei dem Einsiedler in der Höhle findet.

Wenn wir hineinschauen und uns selbst in diesen Bildern sehen, bekommen wir die Chance, uns neu zu entwerfen. Wenn wir auf uns selbst treffen, wissen wir, dass wir an der tiefsten Stelle angekommen sind. Wir können jetzt umkehren und nach Hause gehen – also dorthin, wo alle Reisen enden und wo wir immer sein wollten. Die Frage ist nur, ob wir jemals ankommen.

Literatur

Berlin, I. (1998). Wirklichkeitssinn. Berlin: Berlin Verlag.

Berlin, I. (2001). The Roots of Romanticism. Princeton: Princeton University Press.

Fischer, E. P. (2000). An den Grenzen des Denkens. Wolfgang Pauli – Ein Nobelpreisträger über die Nachtseiten der Wissenschaft. Freiburg: Herder.

Fischer, E. P. (2001). Werner Heisenberg – Das selbstvergessene Genie. München: Piper.

Heisenberg, W. (1969). Der Teil und das Ganze. München: Piper.

Kurzke, H. (2001). Novalis. München: Beck.

Prof. Dr. Ernst Peter Fischer
geboren 1947 in Wuppertal; Professor für Wissenschaftsgeschichte an der Universität in Heidelberg; wissenschaftlicher Berater der Stiftung Forum für Verantwortung, Buchautor und Publizist.

Stufen der Individuation (2)

Erfahrung des persönlichen Unbewussten

Die Schwelle zur Begegnung mit dem Unbewussten wird überschritten. Auch wenn sich die einzelnen Ebenen des Unbewussten praktisch nicht genau unterscheiden lassen, da alle Ebenen des Bewussten und Unbewussten immer zusammenspielen, könnte man hier sagen, dass es vor allem um Inhalte geht, die der individuellen Eigenart und dem individuellen Leben entstammen, aber aus verschiedenen Gründen unbewusst (vergessen, unterdrückt, verdrängt) sind. Methoden: Freie Assoziation, Traumarbeit, Aktive Imagination, Sandspiel, kreatives Gestalten, veränderte Bewusstseinszustände ...

- Wie ist meine Lebens- und Lerngeschichte gewesen?
- Habe ich Traumatisierungen erlebt und schwer verarbeitbare Erfahrungen gemacht?
- Welche Komplexe habe ich entwickelt?
- Wie ist mein Selbstwertgefühl?
- Womit habe ich Schwierigkeiten?
- Welche Bedürfnisse und Triebanteile habe ich nicht richtig gelebt?
- Sind mir meine typischen Persönlichkeitseigenschaften bewusst?
- Sind mir meine Persona- und Schattenanteile bewusst?
- Wie stehe ich zu Menschen des gleichen Geschlechts und des Gegengeschlechts?

Bewusstsein, individuelles, kollektives

Individuationsthemen z. B.
Bewusste / halbbewusste Persönlichkeitsaspekte
Gewohnheiten, typische Verhaltensweisen
Kognitionen, Einstellungen, Werte
Typologische Aspekte, Orientierungsfunktionen
Konflikte, Komplexe, Strukturen
Persona / Schattenseiten
Symptome
Ressourcen

Unbewusstes, individuelles

Individuationsthemen z. B.
Vor-/unbewusste Verhaltensweisen
Vor-/unbewusste Kognitionen, Einstellungen, Werte
Vor-/unbewusste Symptome
Vor-/unbewusste Konflikte, Komplexe, Strukturen
Vor-/unbewusste typologische Aspekte, Schattenanteile
Vor-/unbewusste weibliche und männliche Anteile
Vor-/unbewusste Ressourcen

Unbewusstes, kollektives

Individuationsthemen z. B.
Allgemeinmenschliche, evolutionäre, archetypische Muster
Kollektive Strukturen der Sprache und Kultur
Biologische, physiologische, physikalische Faktoren
Ganzheits- und SELBST-Aspekte
Spirituelle, transpersonale Erfahrungsdimensionen
Unus mundus, Einheitswirklichkeit
Niemals bewusst zu machende Faktoren
Schöpferisches Mysterium

Die Abbildung soll andeuten, dass der fortwährende schöpferische Wandlungsprozess (Kreis) jetzt auch Inhalte des persönlichen Unbewussten einbezieht.

Spielen, lachen, begegnen

Individuationsprozesse im Psychodrama

Dorothea Ensel

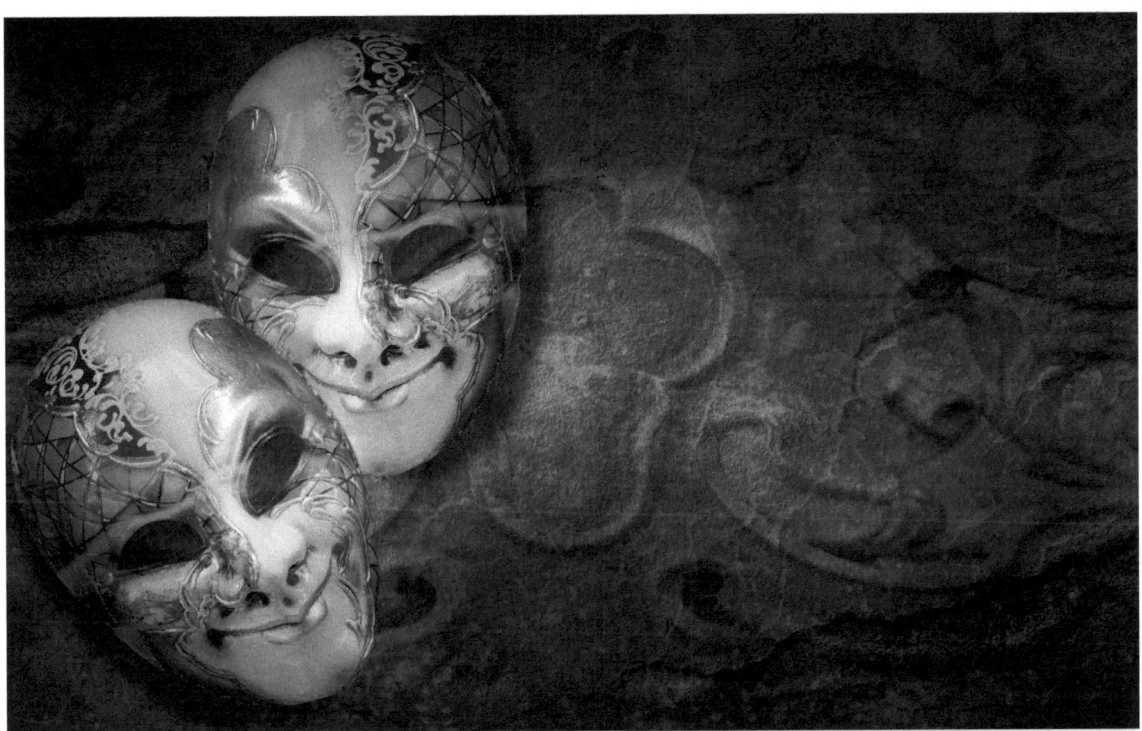

Menschen lieben es, Rollen zu spielen und Masken zu verwenden – oder aber auch, sich von ihnen zu befreien, wenn sie nicht mehr stimmen. Das Psychodrama – ebenso wie das Mythodrama – bieten unendliche Möglichkeiten, alte und neue Facetten der eigenen Persönlichkeit zu entdecken und zu verwirklichen. (Foto: MorganStudio, Shutterstock: 1015816957)

Die Analytische Psychologie beschreibt Individuation als einen Prozess, einen lebenslangen Entwicklungs- und Wachstumsweg, der sich im ständigen Austausch und Spannungsfeld zwischen Ich-Bewusstsein und Selbst je nach Lebensphase unterschiedlich vollzieht. Werde, der/die Du bist. Das ist die vielfach verwendete Aufforderung. Wer aber bin ich? Und wie finde ich das heraus?

Im Kontext der Analytischen Psychologie macht der Individuationsweg oft einen einsamen Eindruck. Ein Mensch auf einem Weg, ein Schiff auf hoher See, alleine, unterwegs auf der Suche nach sich selbst. Selten sieht man eine Gruppe von Menschen miteinander und aufeinander bezogen, eine Weggemeinschaft, eine Selbsterfahrungs- oder Wandergruppe beispielsweise. „Individuation schließt die Welt nicht aus, sondern ein." (Jung, GW 8, § 432)

Die Welt, das sind doch vor allem die anderen Menschen, das soziale Gefüge, in dem ein Mensch lebt und ohne das er gar nicht lebensfähig wäre.

Für J. L. Moreno, den Begründer der Trias aus Gruppenpsychotherapie, Psychodrama und Soziometrie ist das „Soziale Atom" die kleinste unteilbare Einheit des Menschen. Für Moreno vollzieht sich der Individuationsprozess genau hier, im Kontext mit anderen Menschen. Mit dem Psychodrama hat Moreno ein gruppentherapeutisches Verfahren entwickelt, das die Kraft der Gruppe und mit dem Interagieren in Rollen die Kraft der Kreativität nutzt und für den Individuationsprozess fruchtbar macht. Das Moreno'sche Konzept der Begegnung, das er in den 1920er Jahren in Wien entwickelte und das in enger Verbindung zum Ich-Du-Konzept Martin Bubers steht, bildet das philosophische Fundament der psychodramatisch therapeutischen Grundhaltung.

Worin liegt die Kraft der Gruppe im Psychodrama für den Individuationsprozess? Wie kann sie genutzt werden? Vier wesentliche Aspekte psychodramatischer Gruppenpsychotherapie sollen dies zeigen.

Die imperfekte Gruppe

Die Gruppe bildet im Psychodrama den haltenden und tragenden Rahmen, den Verwandlungsraum, die Retorte, alchemistisch gesprochen. Hier hat das Chaos des individuellen, inneren Theaters Platz. Da brodelt und zischt es. Da wird aufgemischt und durchgeschüttelt. Da wird geweint und gelacht. Die Gruppe hält diese Bewegungen, macht sie möglich und in ihr geschieht Verwandlung.

Aus jungianischer Sicht kann die Gruppe viele archetypische Dimensionen darstellen, je nachdem, was sich jeweils konstelliert. Als Ganzes kann sie z. B. die Vieldimensionalität des Selbst repräsentieren oder spezieller auch den Mutterarchetypus. Sie schafft den nährenden Boden, auf dem die Aktion geschieht. Dieser Boden muss entstehen, die Gruppe in ihrer Gruppenkohäsion wachsen. Dies will immer wieder gefördert und gepflegt sein. Förderung einer guten Gruppenkohäsion sowie der selbstreflexive Umgang mit Gruppenprozessen und Gruppendynamiken, das Arbeiten auf der Metaebene, d. h. der Versuch, die entstandenen Gruppenprozesse zu verstehen und steuernd einzugreifen, sind daher wesentlicher Bestandteil psychodramatischer Leitungsaufgaben.

Den Anfang jeder Psychodramasitzung bildet das Warming-up. In kleinen spielerischen Übungen und Aktionen begegnen sich die Gruppenteilnehmerinnen und -teilnehmer und wärmen sich und die Anderen auf. Dabei ist nicht ein „wir haben uns alle lieb und tun uns nichts" gemeint, sondern an die Schaffung und Förderung einer wohlwollenden Atmosphäre des Imperfekten. Es geht nicht um bewerten, sondern um erlauben und wagen. Fehlerfreundlichkeit ebnet den Weg.

> Es ist ein Treffen auf dem intensivst möglichen Kommunikationsniveau [...].
> Es ist ein intuitiver Tausch der Rollen, einer Verwirklichung des Selbst durch den anderen; es ist Identität, die selten, unvergessliche Erfahrung völliger Gegenseitigkeit.
>
> Moreno, 1956

Spiegelung und Feedback

Spätestens seit der Entdeckung der Spiegelneuronen wissen wir, wie elementar das Feedback für die menschliche Entwicklung ist. Der Mensch wird ohne den Menschen nicht zum Mensch. Wir brauchen die Gruppe, und wir brauchen die Spiegelung durch Andere auf vielfältige und nährende Art und Weise. Gemeinsames sich und einander in der Gruppe begegnen und erleben sind entscheidende Möglichkeiten psychodramatischer Gruppenpsychotherapie und für den Individuationsprozess unverzichtbar.

Der Begriff der Einfühlung trifft aus Morenos Sicht das Geschehen nicht hinreichend, ihm ist die Wechselseitigkeit wichtig, und er spricht daher von „Zweifühlung", was das Konzept der Spiegelneuronen in gewisser Weise vorwegnimmt.

Spiegelung im und durch Andere findet immer und überall statt, in besonderer Intensität jedoch in der Gruppenpsychotherapie. Feedback geben, erleben, was das ist und wie man das respektvoll macht, das will gelernt und geübt sein. Die Gruppe ist hier das entscheidende Medium. Wie kann ich unangenehme Wahrnehmungen in einer angemessenen Art und Weise zum Ausdruck bringen? Wie kann ich meine Wahrheit nicht verschweigen und doch dem Anderen ein förderndes, unterstützendes Feedback geben? Der wohlwollende und haltende Rahmen der Gruppe ist hier Austragungsort und Übungsfeld zugleich.

Spiegelung und Feedback sind für den Individuationsweg von entscheidender Bedeutung. Sie formen uns. Wir können unsere Wahrnehmung von uns selbst und den Anderen überprüfen. Wir können abwägen und aussortieren. Wir hören Angenehmes, das uns in unserer Selbstwahrnehmung bestätigt und erfreut. Wir hören Überraschendes, Nichtgedachtes, Verdrängtes und zur Seite Geschobenes. Selbst- und Fremdwahrnehmung werden geschult. Wir hören unangenehme Wahrheiten über uns und müssen sie nicht alleine aushalten. Wir können uns der Gruppe anvertrauen. Wir dürfen uns verändern und dies in der Gruppe erproben.

Die kreative Kraft des Spiels

Moreno war von der verwandelnden Kraft des Theaters, des Spielens in Rollen in der Als-ob-Realität überzeugt. Er wollte das klassische Theater revolutionieren und schuf die Psychodrama Bühne, das Theater ohne Zuschauer, dessen Zentrum die spielerische Aktion und dessen haltender Rahmen die Gruppe ist. Damit kreierte er einen freien Begegnungsraum, in dem das Experimentieren in und mit Rollen für den Prozess der Selbsterkenntnis nutzbar wird. Moreno war überzeugt: Das Stegreifspiel lässt das Unbewusste – unverletzt durch das Bewusstsein – frei steigen. (Moreno 1924)

Dabei setzt er auf die zentralen Kräfte Spontanität und Kreativität: Sich in selbst gewählten und zugewiesenen Rollen neu erleben, mit sich experimentieren, über Grenzen gehen und wieder hinter sie zurück. Im Spiel sich selbst erkennen und durch Andere erkannt werden. Diese Möglichkeiten bietet die Semirealität der Psychodrama Bühne.

Tragik und Komik liegen im Spiel eng bei einander. Weinen löst Schmerz und hilft aus Enge und Beklemmung. Lachen rettet, wirkt salutogenetisch und befreiend. Beides kann in der Gruppe mit anderen Menschen gemeinsam erlebt und geteilt werden. Hier wächst die Kraft der Gruppe. Hier erlebt sie sich in ihrer ganzen Kompetenz.

Licht – und Schattenaspekte, Weibliches, Männliches und Kindliches erleben und integrieren

„Es ist unser Licht, das wir fürchten, nicht unsere Dunkelheit." meinte Nelson Mandela in seiner Antrittsrede 1994. Kann es sein, dass er richtig liegt? Schattenintegration ist aus Sicht der Analytischen Psychologie für die Individuation wesentlich: Ohne Schattenintegration keine Individuation. Doch können wir uns dem Schatten stellen, ohne unser Licht wirklich zu kennen und zu würdigen? Wir brauchen auch unser Licht, um unserem Schatten zu begegnen.

Psychodrama ermöglicht beides und meine langjährige psychodramatische Arbeit zeigt mir, beides ist nicht einfach.

Rollen, die im Psychodrama gewählt und gespielt werden, ermöglichen, gefahrlos, ohne negative Konsequenzen im „echten" Leben Licht- und Schattenseiten ganz neu zu erleben. Im Hier und Jetzt der Psychodrama Bühne ist es möglich, in Traumrollen zu schlüpfen und zu erleben, was das mit uns macht. Wir dürfen König*in, Held*in, Liebende*r, Prima Ballerina, Starmusiker*in, Mutter Theresa oder Raumfahrer*in sein, ganz wie wir wollen.

Im Schutz der Gruppe, die uns Feedback geben wird, dürfen wir unsere Lichtseiten neu erleben und über Antirollen, wie möglicherweise Diktator*in, Waffenhändler*in, Mörder*in oder Bettler*in uns unseren Schattenaspekten annähern. Auch hier wird uns die Gruppe Feedback geben. Wir dürfen ausprobieren, verwerfen und erneut ausprobieren und werden vielleicht erfahren: Manchmal ist das Erkennen und Würdigen des eigenen Lichts, gerade auch vor und mit anderen Menschen schwerer als die Konfrontation mit dem eigenen Schatten.

Erst indem wir mit Hilfe der Anderen unser Licht besser wertschätzen und uns erlauben, uns in diesem Licht zu spiegeln, ebnen wir den Weg für die Auseinandersetzung mit unserer „wirklichen" Identität, unserer Persona, unserem Schatten, unseren vielgestaltigen Aspekten des Selbst und deren Integration. Das Psychodrama gibt für Vieles Raum.

Das Psychodrama nutzt das kreative Potential der Gruppe. Moreno hat dies früh erkannt. Die aktuelle gesellschaftspolitische Lage zeigt, wie

INDIVIDUATION

sehr Menschen einander brauchen, wie schwer ein gelingendes Miteinander sich gestalten kann und wie wenig es, auch kollektiv gesehen, geübt wird. Genau hier liegt ein zentrales Anliegen Morenos, und mit dem Soziodrama hat er die kollektive Erweiterung des Psychodramas geschaffen. Individuation muss in Zukunft wesentlich mehr im Kontext mit dem anderen Menschen gedacht und gelebt werden.

Jung und Moreno, die sich persönlich nie begegnet sind, ergänzen sich gut und können voneinander profitieren. Mein Mitmensch muss nicht mein Feind oder Gegner sein, auch wenn er oder sie so sehr anderes ist als ich. Sie oder er kann zu meiner Geburtshelferin / meinem Geburtshelfer auf meinem Weg der Individuation werden, gerade weil er oder sie so sehr anderes ist als ich. Dazu ist die Gruppe, in der dies erlebbar wird, ein zentraler Ort. Die Anderen können mich unterstützen und fördern, ganz ich selbst zu werden in Licht und Schatten.

Diese Erfahrung hat Strahlkraft und wird im Psychodrama lebendig.

Literatur

Bauer, J. (2005). Warum ich fühle, was Du fühlst: Intuitive Kommunikation und das Geheimnis der Spiegelneurone. Hamburg: Hoffmann und Campe.

Ensel, D., Stiegel, G. (Hrsg.)(2010). „Ein Stück Himmel": Psychodramatikerinnen begegnen sich. Wiesbaden: VS-Verlag.

Müller, L. u. A. (Hrsg.) (2003). Wörterbuch der Analytischen Psychologie. Düsseldorf: Walter.

Moreno, J. L. (1959). Gruppenpsychotherapie und Psychodrama. Stuttgart: Thieme.

Scategni. W. (1994). Das Psychodrama: zwischen alltäglicher und archetypischer Erfahrungswelt. Düsseldorf: Walter.

Von Ameln, F., Kramer, J. (2014). Psychodrama: Grundlagen. Berlin: Springer.

Dorothea Ensel
Diplom Pädagogin, Psychodrama Leiterin (DFP), Kinder- und Jugendlichenpsychotherapeutin, Weiterbildungsleiterin, Weiterbildungssupervisorin und von 2011-19 Geschäftsführerin des Moreno Instituts Stuttgart.
d.ensel@morenoinstitut.de

Auf der Suche nach einer Heimat

Trauma, Individuation und deren Symbolik in Psychotherapien mit jungen Menschen

Stefanie Nahler

Einführung

In Psychotherapien mit Kindern und Jugendlichen nehmen Auseinandersetzungen einerseits mit der Verwurzelung im Familienraum sowie andererseits im Ausbilden des Eigenen viel Raum ein. Insbesondere Jugendliche bewegen sich in einer spannungsvollen Polarität von Anpassung, Bindungssuche und dem Wunsch nach Ablösung und Eigenständigkeit. Dabei markieren die Sehnsucht nach totaler Identifikation mit einem Anderen und der Wunsch danach, ohne jegliche Prägung „ganz man selbst" zu sein die beiden Endpunkte.

Die menschliche Individuation umfasst in ihrer Ausgestaltung beide Pole, und sie drückt sich (nicht nur) im Therapieprozess besonders im symbolischen Geschehen, v.a. in Selbstsymbolen, aus. Denn: Symbole sind natürliche Versuche der Psyche, „ die oft tiefe Kluft zwischen den Gegensätzen und Unterschieden zu überbrücken und auszugleichen." (Jung, GW 18/1, § 595)

Die in der analytischen Psychotherapie auf vielfältige Weise geförderte Selbst-Erfahrung – die wechselseitige Verbindungsfähigkeit nach Innen wie nach Außen – ermöglicht eine Lösung der polaren Spannung zwischen (Rück-)Bindung und Autonomie, die im Extrem zur dissoziativen Spaltung führen kann. Im Bereitstellen der symbolischen Erfahrungsebene ist ein Angebot für die jungen Patient*innen enthalten, mit dem eigenen angeborenen Entwicklungspotenzial und zugleich mit den Entwicklungsanregungen der Umwelt in förderliche Verbindung zu komme

Individuation ist ein Prozess, der bereits im Mutterbauch beginnt und welcher unter anderem auch die lebenslange kulturelle, emotionale und soziale Identitätsentwicklung in sich einschließt. Es ist ein Prozess des eigenen „Werdens", welches jeweils einzigartig und zugleich zutiefst in archetypische, menschheitliche Prozesse, z. B. in den Ablauf der Lebensphasen, eingebunden ist. Die Ausbildung eines sich selbst sicheren und zugleich beweglichen, zur Weiterentwicklung fähigen Selbstbilds und -erlebens ist ein wesentliches Reifungsziel der Jugend- und Adoleszenzphase.

Das Erreichen dieses Entwicklungsstadiums kann jedoch von einschneidenden biografischen Erfahrungen verzögert, gehemmt oder überschattet werden. Zu solchen Erlebnissen zählen die Erfahrung von Heimatverlust, Migration, Vertreibung oder Flucht. Diese Verlusterfahrungen können die emotionale Ablösung aus der Primärfamilie überlagern und blockieren, selbst oder gerade dann, wenn diese zurückgelassen werden musste und tausende Kilometer weit entfernt lebt. Der Blick auf symbolische Prozesse in Therapien mit Jugendlichen und mit jungen erwachsenen Patienten, die einen Heimatverlust erlitten haben, soll auf die komplexen Abläufe, Schwierigkeiten sowie Chancen hinweisen, welche die psychosoziale Weiterentwicklung nach Migration oder Flucht in sich birgt.

Heimatlosigkeit als Grundgefühl im Jugendalter

Die Jugendphase beinhaltet das Loslassen vom kindlichen Selbst- und Welterleben, den Aufbruch in einen Übergangsraum hin zu noch unbekannten Ufern. Ein Grundgefühl von Heimatlosigkeit kann in dieser Lebensphase besonders intensiv und schmerzhaft erfahren werden. Eine zu Beginn der Therapie 14jährige Jugendliche, Nadja, beschrieb ein anhaltendes Gefühl von „Heimatlosigkeit". Dieses trage sie spätestens seit einem innerdeutschen Umzug im Kindergartenalter in sich; sie sei emotional bis jetzt nicht am neuen Wohnort angekommen. Der Verlust des Wohnorts, verbunden mit der abrupten Trennung von den Großeltern sei schlimm für sie gewesen. Dieser Verlustschmerz wurde im Jugendalter, im Abschied aus dem Kindheitsraum, verstärkt.

Ihrem passiven Erleiden der Gefühle von Halt- und Heimatlosigkeit, die in den sozialen Rückzug von der Peergruppe führten, standen von Beginn an Fantasien entgegen, in denen sich Nadja aktiv in die Welt ziehend imaginierte. Sie träumte davon, nach dem Schulabschluss vom aktuellen Wohnort wegzuziehen, zu studieren und ein neues Leben zu beginnen. In ihrer lebendigen Vision vom zukünftigen Auszug, über den sie selbst bestimmen würde, wurden ihr ihre damit verbundenen Wünschen nach Freiheit und nach Unabhängigkeit zunehmend bewusster.

In ihren Fantasien lag bereits der Keim der Überwindung ihrer depressiven Krise, wegen derer sie in die Therapie gekommen war. Es zeigt sich daran, wie der geistig-emotionale Wachstumsschmerz des Jugendalters immer auch mit Erkenntnis und reifender Bewusstwerdung verbunden ist. Darüber hinaus gilt insbesondere für die heutige Zeit der zunehmend geforderten Flexibilität und Mobilität: Im Anerkennen und Bejahen unserer aller Heimatlosigkeit, unseres existenziellen „Geworfenseins" in stetige Veränderungsprozesse, liegt auch die Chance zu einer Bewusstseinsintensivierung, nämlich, „[...] die offene Welt anzuerkennen und sie durch Offenheit zu wahren." (Gebser, 1999, S. 589)

Die spezielle Fähigkeit, die gefühlte Ungeborgenheit mit weltoffenen Gegenfantasien zu kompensieren, besaß auch die zu Beginn der Thera-

pie zwölfjährige Johanna. Johanna durchlebte im Grundschulalter aufgrund einer beruflichen Veränderung des Vaters einen innerdeutschen Umzug. Für Johanna, die aufgrund einer Selbstwert- und Angstsymptomatik Hilfe aufsuchte, sei der Umzug ein schwerer Verlust gewesen. Dies, so der Vater, habe Johanna ihn über Jahre hinweg sehr spüren lassen. Johanna sagte, sie fühle sich nach wie vor am neuen Ort nicht zuhause. Schließlich erwählte sie sich Englisch als Herzenssprache und begeisterte sich für internationale Städte wie Paris oder London.

In einer Therapiestunde baute sie mit Lego eine Familienvilla „in Australien" auf. Australien, der weit entfernte Kontinent, wurde zu einem Sehnsuchtsziel. In Ergänzung zu ihren früheren Verlassenheitsgefühlen in Konfrontation mit der „offenen Welt" tauchte in ihrem symbolischen Spiel nun die Chance auf, die Fremde neu zu erleben, nämlich mit Faszination und Entdeckerfreude. Damit einher ging die pubertäre Entwicklung Johannas, das Entdecken von eigenen sich ausdifferenzierenden Persönlichkeitsaspekten. Es entstanden zahlreiche Zeichnungen, die ihr in den Stunden geradezu aus der Hand flossen; darunter viele imaginäre Porträts.

Ein gefühlsmäßiges Erkunden der eigenen Facetten und Potenziale – den bislang dem Ich-Bewusstsein fremden Anteilen – wurde im kreativen Gestaltungsprozess sichtbar. Ihr Zutrauen in ihre eigenen Fähigkeiten wuchs, und sie knüpfte Freundschaften. Um die 90. Therapiestunde erinnerte Johanna einen Traum, den sie noch am alten Wohnort gehabt habe: „Ich hatte ein Fenster mit Fensterbrett. Ich habe geträumt, dass ich mit einem Besen wie die Bibi Blocksberg rausfliege, meiner Schwester und meinen Eltern zuwinke im Vorbeifliegen."

Im jugendlichen Flüggewerden erinnerte Johanna einen Kindheitstraum, welcher das Verlassen der Heimat als eines ihrer Lebensthemen in Szene setzte, und zwar als aktiver Aufbruch mit abenteuerlustiger, weiblicher „Hexenenergie".

Als Johanna Jahre später als junge Frau nochmals kurzzeitig in Therapie kam – in einer Krise vor ihrem Schulabschluss und ihrem Auszug – träumte sie nachts intensiv erneut von Australien. Sie träumte von einem Ort in Australien, an dem sie „ankomme", wirklich „zu sich selbst" komme, einem Ort, an dem sie so sei, wie sie wirklich sei. Australien war wohl ein seelisches Sehnsuchtsbild für ihren Wunsch, zeitgleich sowohl mit sich selbst sowie mit den Mitmenschen in vertrauensvollem Kontakt sein zu können.

Als Selbstsymbol überwand das Traumbild der „terra australis incognita" Johannas Zerrissenheit zwischen ihren Wünschen nach Verwurzelung und Geborgenheit sowie ihrer Sehnsucht nach Freiheit und Unabhängigkeit, indem es beide Aspekte in einem Traumbild verband – in einem momentanen Erleben der Ganz- und Vollständigkeit. Dabei kann das symbolische Erleben beschrieben werden als zeitweises Ankommen in einer ganzheitlichem Selbsterfahrung:

> Es scheint, als ob der Mensch, der vergeblich seine Existenz sucht und daraus eine Philosophie macht, nur durch das Erlebnis symbolischer Wirklichkeit den Rückweg in jene Welt, in der er kein Fremdling ist, wiederfindet.
>
> Jung, GW 9/1, § 198

Trauma und Identität in Folge von Vertreibung und Flucht

Besonders intensiv ist die Prägung der Migrationserfahrung für junge Menschen, welche ihr Heimatland aufgrund von Vertreibung, Krieg oder lebensbedrohlichem Elend verlassen. Dem Verlust der Heimat folgt meist ein lebensgefährlicher Fluchtweg. Insbesondere Minderjährige, die die Flucht alleine meistern müssen, haben zeitgleich den Verlust der Heimat, der Familie, der Muttersprache und des bisherigen soziokulturellen Rahmens zu verkraften.

In der Verarbeitung der Traumafolgen und insbesondere bei der Herausforderung der sozialen und emotionalen Ankunft im Exil spielt die kulturelle Prägung durchaus eine Rolle. Einen großen Einfluss darauf, wie geflüchtete Menschen mit ihrem Heimatverlust und den Traumafolgen umgehen können, haben die Reaktionen der Mitmenschen und der Aufnahmegesellschaft nach der Flucht. In den Behandlungen von jungen Migranten mit Fluchterfahrung treffe ich u. a. auf Patienten*innen, deren emotionale Stabilisierung ständig gefährdet ist, weil sie von Abschiebung bedroht sind.

Traumaaspekte, die von der Seele als Fremdkörper dissoziiert werden (und die sich vor allem im Übertagungsgeschehen vermitteln), treffen auf den mir ebenfalls fremden Inhalt der Berichte meiner Patienten, etwa auf Beschreibungen von der Flucht durch die Sahara. Andererseits erinnern mich z. B. manche Facetten in den biografischen Erzählungen junger Flüchtlinge aus Afghanistan auch an Jugenderinnerungen und Verhaltensweisen meiner eigenen Großeltern, die der deutschen Kriegsgeneration angehörten: das Erleben und Miteinbezogenwerden in Krieg, das Erleiden von lebensbedrohlicher Armut, Elend, Vertreibung, die Beziehungserfahrungen mit traumatisierten und gewalttätig gewordenen Eltern sowie die Prägung durch rigide, patriarchale Strukturen. Beispielhaft möchte ich auf die Therapie mit Herrn B. eingehen, einem jungen Mann aus Afghanistan. Er verließ als Jugendlicher ohne Familie seine Heimat, in welcher die Taliban die Bevölkerung terrorisiere.

In einer Therapiestunde berichtete er über seine Großmutter, die eine besondere Frau sei. Im Gegensatz zu seiner Mutter habe sie nie die Hand gegen eines ihrer Kinder erhoben; sie habe auch seine Mutter gescholten, wenn sie ihn geschlagen habe. In ihrer Jugend, so habe die Oma berichtet, hätten sich die Frauen in Afghanistan weniger streng an das Verschleierungsverbot halten müssen. In den Großstädten seien die Frauen sogar „in kurzen Röcken und unverschleiert" auf die Straße gegangen. Herrn B.s Großmutter habe ihren ersten Ehemann selbst gewählt, sei also eine Liebesheirat eingegangen. Sicher würde sie es auch akzeptieren, wenn er einmal eine deutsche Frau heiraten würde, meinte er dazu.

Herrn B.s Kindheit glich unter manchen Gesichtspunkten mehr der meiner Großmütter, die Kriegskinder waren (u. a. Abwesenheit des eigenen Vaters, Miterleben von Krieg und Terror, rigide Erziehung). Demgegenüber schien seine Großmutter in einer politisch stabileren Phase aufgewachsen zu sein, was sich wohl auf ihre Lebenseinstellung auswirkte. Dadurch wurde sie für Herrn B. zu einer Art Verbindungsfigur zur modernen deutschen Lebensweise, in welche er geflohen war. Für uns beide waren unsere Großmütter und deren emotionaler Abdruck in unserer Seele wichtige Referenzpunkte im Verstehen des jeweils anderen. Dies illustriert die Relevanz eines transkulturellen Ansatzes für die therapeutische Arbeit, dem die Auffassung zu eigen ist, „dass am gleichen Ort ganz verschiedene und an ganz verschiedenen Orten ähnliche oder gleiche kulturelle Muster auftreten können." (Widdascheck, 2014, S. 48 f.)

Insel Lesbos, Griechenland, Flüchtlinge aus Syrien, October 2015.

Foto: Nicolas Economou, Shutterstock: 367744034

Transkulturelle Kommunikation in der Psychotherapie

Grundsätzliche Gemeinsamkeiten und Überschneidungen kultureller Muster an ganz verschiedenen Orten – durch die Netzkultur und Globalisierung nochmals forciert – ergeben sich aus sich ähnelnden lebensweltlichen Erfahrungen.

Der transkulturelle Blick in der Psychotherapie ergänzt das erfragte oder erlernte Wissen über die Kulturbezüge eines migrierten Patienten um die potenzielle Möglichkeit, als Therapeut unmittelbar, z. B. aus der eigenen (Familien-) Geschichte, an dessen kulturelle Muster anknüpfen zu können. „Das transkulturelle Paradigma geht also davon aus, dass Vertrautes im Fremden vorkommt, und zwar unabhängig vom Wissen über die andere Kultur." (Widdascheck, 2014, S. 49)

Kulturelle Unterschiede bestehen und erschweren oftmals die Kommunikation. Zugleich sehe ich, indem ich auf die deutsche Geschichte, auch auf meine persönliche Familiengeschichte schaue, dass Kultur stetig in Wandlung ist.

Die (kulturelle) menschliche Wandlungsfähigkeit ins Bewusstsein zu bringen, erscheint mir daher auch ein wichtiger Aspekt für den therapeutischen Prozess.

Aufschlussreich für die Auseinandersetzung mit Identitätsprozessen und Wandlungen im Nahen Osten sind die Schriften Fethi Benslamas, eines in Tunis geborenen Psychoanalytikers. In Psychoanalyse des Islam, beschreibt er eingangs, beispielhaft für Modernisierungsprozesse in der islamischen Welt, die tunesische Umbruchszeit der 1960er.

Benslama (2017) schildert, dass die Veränderungen von der damaligen Jugend, seiner Generation, willkommen geheißen wurden und dass diese sie prägten. Zugleich habe der Umbruch in den jungen Menschen das machtvolle Begehren der Moderne ausgelöst: das Begehren, ein Anderer zu sein (Benslama, S. 16). Mit der daraufhin einsetzenden, rasanten Ausbreitung der Globalisierung seien transkulturelle Übersetzungsleistungen erschwert worden. Es habe keine sprachliche Möglichkeit mehr gegeben, die wissenschaftliche und technische

Transformation der Welt in Verbindung mit dem modernen Begehren, ein Anderer sein zu wollen, zu bringen.

Das Bedürfnis, ein Anderer sein zu wollen, sei gekippt in die Verzweiflung, man selbst sein zu wollen, wie es Benslama mit Bezug auf Kirkegaard formuliert. Dies sei die Geburtsstunde des politischen Islamismus gewesen: Der Bezug auf „eine Religion (der Islam), eine Sprache (das Arabische), ein Text (der Koran), dem häufig das Nationale hinzugefügt wird" (Benslama, S. 19).

Die Psychotherapie ist ein Ort der Begegnung, der gemeinsamen Reflexion, der Symbolisierung, der Vielschichtigkeit und der Versprachlichung. Im psychotherapeutischen Verständigungsprozess ist in besonderer Weise die Chance enthalten, dass alle Beteiligten starre religiöse oder nationale Identitätszuschreibungen hinterfragen und dass in der offenen Wahrnehmung des jeweils Anderen dessen Individualität jenseits seiner Herkunft in den Vordergrund tritt.

In Herrn B.s Fall bedeutete dies z. B., mittels des Einbezugs der Äußerungen über die Großmutter wie „hinter" seine Behauptung zu schauen, dass eine arrangierte Ehe in seiner Heimatkultur gesellschaftlich gefordert werde. Gefordert wurde sie von ihm damals konkret in erster Linie von seiner Mutter, welche durch die Braut, die zunächst bei ihr leben würde, eine Hilfe im harten Alltag bekommen hätte.

Jenseits der Frage nach der historischen Stimmigkeit des von seiner Großmutter Berichteten tauchten ihre Berichte in Herrn B. an einer Stelle im Therapieprozess auf, an welchem er in ein Dilemma zwischen den Wünschen seiner Mutter und den Forderungen der deutschen Gesellschaft geriet.

Die Großmutter erschien in seiner Erzählung wie eine weise Brückenbauerin zwischen den Kulturen und zwischen seiner Herkunftsfamilie und der deutschen Gesellschaft. Die Erinnerung an die Großmutter ermöglichte ein zeitweises Erleben der „Große Mutter" als archetypisches Symbol, in ihren annehmenden und Geborgenheit spendenden Aspekten.

Herr B. äußerte sich in diesem Zeitraum in gleicher Weise darüber, dass er sich inzwischen in der deutschen Stadt, in der er lebte, ganz zuhause fühlte und diese nicht mehr verlassen wollte. Im Gegensatz zur, vielleicht in der Erinnerung idealisierten Großmutter konnte seine Mutter keine innere Verbindung zur Lebensweise herstellen, in welche ihr Sohn geflohen war.

Mir wurde deutlich, dass sich nach der Flucht Minderjähriger Entfernungen zwischen ihnen und ihrer Familie auftun können, welche größer als die geografischen sind. Die Lösung der Schuld- und Schamgefühle den Eltern, oft der verwitweten Mütter, gegenüber –dem Bewusstwerden, deren Lebensweise „untreu" geworden zu sein, sie in doppelter Hinsicht „verlassen" zu haben – besteht verständlicherweise oft darin, die Familie finanziell zu unterstützen oder deren Forderungen nachzugeben, auch wenn diese negative Konsequenzen für den jungen Menschen zur Folge haben.

Neben den vorhandenen Prägungen durch die Herkunft sind die inneren Konflikte zwischen Gehorsam, Treue gegenüber und Identität mit der Familie und Autonomie- und Freiheitswünschen der eigentliche Entwicklungshemmer. Umso wichtiger erscheint es mir, auch als Therapeutin den Patienten nicht nur als von seiner religiösen oder gesellschaftlichen „Kultur" determiniert zu sehen. Sondern: Im gemeinsamen Verständigungsprozess kann auf Wandlungsmöglichkeiten und –Notwendigkeiten mit dem Einbezug der (ebenfalls sich über Generationen verändernden) familiären Dynamik eingegangen werden.

Schlussgedanken

In der psychotherapeutischen Auseinandersetzung mit Menschen mit Migrationserfahrung werden neben individuellen Entwicklungsverläufen auch gesamtgesellschaftliche, sogar globale, Entwicklungen sichtbar. Kinder- und Jugendlichenpsychotherapien, welche die emotionale Integrations- und Beziehungsfähigkeit junger Menschen fördern, bekommen eine gesellschaftspolitische Dimension. Kultur- und Identitätsprozesse sind nicht statisch, sondern unterliegen Wandlungen. Wie der Philosoph und Sinologe Francois Jullien (2017) es formuliert,

[...] zeichnet sich das Kulturelle ja gerade dadurch aus, dass es mutiert und sich verwandelt.

[...] Eine Kultur, die sich nicht länger verändert, ist tot.

Jullien, 2017, S. 46

Jullien ruft zum Widerstand sowohl gegen das Uniforme – „die Verarmung der Kulturen, ihre durch die globale und kommerzielle Uniformierung hervorgerufene Verflachung" – sowie gegen die kulturelle Abkapselung bestimmter Gruppierungen auf (ebd, S. 54). Eigentlich könne nur das Gemeinsame, das nicht Gleichartigkeit bedeutet, intensiv und produktiv wirken. In die Definition kultureller Identität bringt er Überlegungen ein, welche einer intersubjektiven psychologischen Sichtweise ähneln. Mit seiner Betonung des nötigen „Abstands" im Hinblick auf kulturelle Diversität nähert er sich meiner Meinung nach auf theoretischer Ebene des spezifischen Zwiegesprächs an, welches gerade in Psychotherapien kultiviert wird: Der eine hört nicht auf, sich im anderen zu entdecken, sich in der Gegenüberstellung sowohl zu erforschen als auch zu reflektieren. Will er sich selbst erkennen, bleibt er vom anderen abhängig und kann sich nicht auf das, was seine Identität wäre, zurückziehen." (Jullien, 2017, S. 39) Und weiter:

> Wenn jeder dem anderen von jenem Außen her zuhört, das der andere darstellt, erkennen beide vom Standpunkt des anderen aus die Einseitigkeit der eigenen Sichtweise: Beide Positionen lockern sich, Grenzen werden überschritten – und durch diese minimale Diskrepanz beginnt eine Verschiebung.
>
> Jullien, 2017, S. 90

Ziel dieses gesellschaftlichen Prozesses, welcher sich im Kleinen auch in Therapien vollzieht, ist für Jullien gerade keine Klärung einer bestimmten, feststehenden kulturellen Identität. Vielmehr geht es ihm darum, dass im Abstandhalten Ressourcen entdeckt werden, welche zuvor nicht vermutet worden wären. Als eine spezifisch europäische Ressource sieht Jullien die Förderung des Subjekts als eines „Ich" an

> (...) das seine Stimme erhebt und, davon ausgehend, in der Welt die Initiative ergreift und somit ein Projekt anstößt, das angetan ist, die Begrenztheit dieser Welt aufzubrechen. Es stellt sich „außerhalb" dieser geschlossenen Welt und beginnt so im eigentlichen Sinne zu „existieren".
>
> Jullien, 2017, S. 43

Gegenteilig zum Prozess der Identifikation beschreibt Jullien als Ziel kultureller Prozesse die Förderung der Loslösung aus unbewussten Identifikationen. Genau dies ist ein Bestandteil von Psychotherapie. Auch in dieser geht es um die Überwindung der Begrenzung des Ichs, welches erst in Freiheit zu „existieren" beginnt Gerade in Therapien mit Jugendlichen mit Migrations- und Fluchterfahrung kann es sowohl auf der Seite der Therapeut*innen wie auf der Seite der Patient*innen zu eindimensionalen und blockierenden kulturellen Zuschreibungen kommen. Zugleich bietet sich die Chance, in der gemeinsamen Hinterfragung rein (kollektiv-)kultureller Zuschreibungen bzgl. der eigenen Kultur und der des Gegenübers, sich und den anderen als stetig Werdenden zu erkennen und damit „die offene Welt anzuerkennen und sie durch Offenheit zu wahren" (Gebser, S. 589).

Literatur

Benslama, F. (2017). Psychoanalyse des Islam. Berlin: Matthes und Seitz.

Gebser, J. (1953/ 1999). Ursprung und Gegenwart. Zweiter Teil. Schaffhausen: Novalis.

Hopf, H. (2017). Flüchtlingskinder gestern und heute. Stuttgart: Klett-Cotta.

Jullien, F. (2017). Es gibt keine kulturelle Identität. Berlin: Suhrkamp.

Jung, C. G. (1938/ 2011). Die psychologischen Aspekte des Mutterarchetypus. GW 9/1. Ostfildern: Patmos.

Jung, C. G. (1961/ 2015). Symbole und Traumdeutung. GW 18/1. Ostfildern: Patmos.

Widdascheck, Christian (2014). „Bevor ich weggehe, lohnt sich ein Blick auf das eigene Haus". In: Gruber, H., Rolff, H. (Hrsg.). Kunsttherapie und interkulturelle Verständigung. Berlin: EBVerlag.

Stefanie Nahler
Analytische Kinder- und Jugendlichenpsychotherapeutin, Dipl.-Kunsttherapeutin (FH), Dozentin am C. G. Jung-Institut Stuttgart.

Das Selbst

Renate Daniel

Tagtäglich verwenden wir die Begriffe „Selbst"
und „Ich", und es nicht ganz einfach zu erklären,
was wir damit jeweils meinen. Umgangssprach-
lich können wir die beiden Worte Selbst und
Ich jedenfalls nicht beliebig austauschen. So
sprechen wir weder von Ich-Vertrauen noch von
Ich-Heilung, sondern von Selbstvertrauen bzw.
Selbstheilung. Auch sprechen wir nicht von Ich-
Werdung, sondern von Selbstwerdung, wenn es
um den sogenannten Individuationsprozess im
Sinne von C. G. Jung geht. Wenn wir also den
Individuationsprozess besser verstehen wollen,
lohnt es sich, den Unterschied zwischen Ich und
Selbst genauer zu betrachten.

Ich und Selbst

Jung definiert, das Ich sei nie weniger und nie
mehr als das Bewusstsein (Jung, GW 9/2, § 7).
Erst wenn der Mensch sich seiner selbst bewusst ist, existiert das Ich.

Dieses Ich-Bewusstsein ist bei der Geburt
noch nicht vorhanden, sondern entwickelt und
differenziert sich schrittweise, bis etwa im Alter von zwei oder drei Jahren ein Kleinkind zum
ersten Mal das Wort Ich benutzt. Vorher spricht
es von sich in der dritten Person. Und mit der
„Geburt" des Ich sind bewusste Erinnerungen
möglich, die wiederum ein Fundament des Ich
darstellen, denn ohne autobiografisches Ge-
dächtnis wissen wir nicht, wer wir und wie wir
sind.

Auch wenn wir inzwischen einiges über das
Phänomen Bewusstsein wissen, bleibt das Ich
nach Auffassung der Neurowissenschaftler An-
tonio Damasio oder Mark Solms ein Stück weit
geheimnisvoll. Das erinnert an Angelus Silesius,
der im 17. Jahrhundert schrieb:

> Ich weiß nicht, was ich bin;
> ich bin nicht, was ich weiß:
> Ein Ding und nit ein Ding,
> ein Stüpfchen und ein Kreis.

Meint er mit „Stüpfchen" das Ich und mit dem
Kreis das Selbst? Jung hat nämlich das bewusste Ich unterschieden
vom Selbst als dem
gesamten Men-
schen aus sämtli-
chen unbewussten
und bewussten
Gegebenheiten. Da
das Unbewusste
noch viel weniger
als das Ich-Bewusst-
sein beschreibbar
bzw. verstehbar
ist, ist es ziemlich
schwer, etwas über
dieses Selbst – so
wie Jung den Begriff
benutzt – auszusa-
gen.

Das Selbst, un-
sere Ganzheit, über-
steigt unseren Horizont. Und Jung fährt fort, dass
das Ich nicht nur aus dem Selbst hervorgeht,
sondern diesem häufig auch untergeordnet ist,
und nichts gegen das Selbst vermag, sondern
gegebenenfalls durch das Selbst in hohem Gra-
de verändert wird.

In der Beziehung von Ich und Selbst als Kern-
prozess im Individuationsprozess geht es also
auch um Kräfteverhältnisse, sowie die für manche kränkende Vorstellung eines unterlegenen,
schwachen Ich. In diesem Sinn hat ein Journalist
reagiert, als im März 2017 der deutsche Bun-
despräsident Frank Walter Steinmeier bei seiner Vereidigung die Formel gesprochen hat: „So
wahr mir Gott helfe". Steinmeier habe mit dieser
altertümlichen Formel Beistand von oben erfleht
und damit eingeräumt, dass sein Ich zu schwach
sei für das Amt.

Doch im jungschen Verständnis ist eine solche Bezogenheit auf Gott und das Göttliche wesentlicher Aspekt der Individuation, denn Jung
definiert das Selbst nicht nur als Ganzheit der
Persönlichkeit, sondern auch als inneres Gottesbild und gelegentlich sogar als Gott in uns:

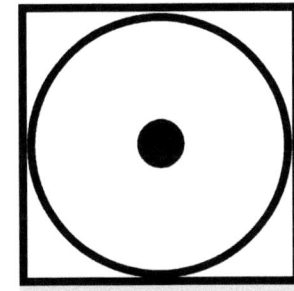

Eine elementare Man-
dala-Form mit Quadrat,
Kreis und Punkt, das zu
vielfältigen meditativen
Betrachtungen über die
Beziehung zwischen
Welt, Selbst und Ich
anregen kann.

Ich habe diesen Mittelpunkt als das Selbst bezeichnet.
[...] es könnte ebensowohl als „der Gott in uns" bezeichnet werden. Die Anfänge unseres ganzen seelischen Lebens scheinen unentwirrbar aus diesem Punkt zu entspringen, und alle höchsten und letzten Ziele scheinen auf ihn hin zu laufen.

Jung, GW Bd. 7, § 399 f.

Jung wies darauf hin, dass die seit Menschengedenken beschriebenen Gottesbilder zunächst noch nichts aussagen über die Existenz eines Gottes. Diese Sichtweise teilen auch heutige Physiker und Neurowissenschaftlicher: Über die fundamentale Wirklichkeit und damit auch über die Existenz oder Nicht-Existenz Gottes können wir prinzipiell keinerlei wissenschaftlich fundierte Aussage machen, sondern müssen uns mit Bildern begnügen, und wir wissen grundsätzlich nicht, ob und wie diese Bilder den tatsächlichen Strukturen der fundamentalen Wirklichkeit nahekommen.

Das Selbst als Archetyp

Diese Grundannahme deckt sich mit Jungs Definition des Archetyps und interessiert uns, weil er das Selbst als wichtigsten Archetyp überhaupt versteht.

Das Selbst ist wie jeder Archetyp unanschaulich, unbekannt und unformulierbar, da es zur fundamentalen Wirklichkeit gehört. Das Selbst kann wie jeder Archetyp nur mehr oder weniger treffend durch Bilder, Symbole und Gleichnisse ausgedrückt werden. Im Fall des Archetyps des Selbst sind das u. a. spontane numinose Erfahrungen sowie Gottesbilder der verschiedenen religiösen Überlieferungen.

Und wie jeder Archetyp enthält auch das Selbst größte Gegensätze: Gut und Böse, Hell und Dunkel, Freundliches und Furchtbares. Und so schwanken die Selbstsymbole zwischen Höchstem und Niedrigstem. Zum Selbst gehört demnach nicht nur das Gute, Rettende und Heilsame, sondern auch das Furchtbarste, Unmenschlichste, was man sich vorstellen kann. Meister Eckhart spricht diesbezüglich von der Hölle auf dem Grund der menschlichen Seele. Jung weist auf die große Vielfalt Symbole des Selbst hin:

Die menschlichen Figuren sind Vater und Sohn, Mutter und Tochter, König und Königin, Gott und Göttin. Theriomorphe Symbole sind Drachen, Schlange, Elefant, Löwe, Bär oder sonstwie mächtige Tiere, oder im Gegenteil Spinne, Krebs, Schmetterling, Käfer, Wurm und so weiter. Pflanzliche Symbole sind in der Regel Blumen (Lotus und Rose!). Diese leiten über zu geometrischen Gebilden, wie Kreis, Kugel, Quadrat, Quaternität, Uhr, Firmament und so weiter. Die unbestimmte Reichweite des unbewussten Anteils macht eben eine völlige Erfassung und Beschreibung der menschlichen Persönlichkeit unmöglich.

Jung GW 9/1, § 315

Diese Aufzählung kann verwirren. Das Selbst kann anscheinend auf quasi alles Mögliche projiziert werden, auf menschliche, tierische, pflanzliche, abstrakte oder unbelebte Figuren. Auf Wertvolles und auf Unrat.

Das erinnert an animistische Vorstellungen: Gott ist in allen Dingen, überall, alles ist beseelt und heilig.

Nicht mehr so viele Menschen heute würden hinter allem und in allem das Selbst suchen oder vermuten? Und wenn man die Bandbreite der Symbole anschaut, so ist es in der Regel nicht der Bildinhalt allein, sondern die dazugehörige emotionale Erfahrung, die zeigt, ob es um das Selbst gehen könnte. Erschütterung, Erstaunen, Ehrfurcht, Erschrecken oder existentielles Ergriffensein sind nur einige Erfahrungen, die Menschen angesichts einer Berührung mit dem Selbst beschreiben, häufig verbunden mit einer subjektiven Gewissheit, von etwas Größerem, Majestätischem oder Heiligen berührt zu sein. Auch im Enthusiasmus kommt man dem Selbst nahe, falls man die wörtliche Übersetzung aus dem Griechischen ernst nimmt: „Der von Gott erfüllte" oder „von Gott in Besitz genommen sein".

Deutlich wird die Spannung zwischen Höchstem und Niedrigstem im Traum eines erwachsenen Mannes, den er aus seinem 15. Lebensjahr in lebhafter Erinnerung behalten hat.

Im Traum steht der Träumer in einer völlig zerstörten Stadt. Um ihn herum liegen Schutt und verbogenes Metall, daneben gibt es kleine Wasserpfützen, in denen sich ein Regenbogen in prächtigen Farben spiegelt. Der Träumer gerät in eine ekstatische Stimmung.

Ekstase ist ein unverfügbares Phänomen, über das wir nicht willentlich verfügen; es geschieht einfach. Deshalb vermute ich, dass der Träumer eine erregende, belebende Erfahrung des Selbst gemacht hat. Zerstörte Stadt und Regenbogen könnten gegensätzliche Pole des Selbst sein. Als Brücke zwischen Himmel und Erde symbolisierte der Regenbogen im Altertum die Beziehung zwischen Mensch und Gott, zwischen Ich und Selbst. Ein dazu überliefertes Bild ist der Regenbogen, den Gott nach der Sintflut als Zeichen seines Bundes mit den Menschen an den Himmel gesetzt hat.

Der Therapeut erwähnt, dass die innere Welt des Patienten von Trostlosigkeit, Verzweiflung und zerstörten Objekten beherrscht war. Eine unerträgliche Situation. Nimmt man den Traum vollständig wahr, zeigt sich neben dieser Destruktivität aber etwas Wunderbares.

Auch wenn es schwer ist, sich auf eine solche irrationale Koexistenz von Schrecklichem und Lichtem einzulassen, kann ein solcher Traum dazu auffordern, sich dieser Frage zuzuwenden. Wobei es um Grausames und Gutes nicht nur in der äußeren Welt geht, sondern auch im Menschen selbst. Da geht es auch um die Frage, warum Menschen fähig sind, andere zu foltern, während sie sich in anderen Situationen liebevoll verhalten. Es geht um das Rätsel der menschlichen Abgründe und Destruktivität. Auch das gehört zum Selbst – zum dunklen Selbst.

Die Entwicklung des Selbst

Bilder, Symbole des Selbst sind keine statischen oder ewigen Gebilde, sondern grundsätzlich vorläufig,

Archetypen haben eine Geschichte über die Jahrhunderte hinweg. Sie konstellieren sich, entwickeln sich, altern, um irgendwann wieder ins Unbewusste zurückzufallen. Die Menschen verlieren das Interesse an ihnen. Es ist wie ein Spiel, das sich über hunderte von Jahren hinzieht. Wenn sich aber die höchsten Werte verbrauchen, wenn sie ihre erschütternde, numinose Qualität verlieren, dann entsteht natürlich eine große Gefahr. Zum Beispiel degeneriert die Einhaltung eines Tabus zur bloßen Einhaltung von Förmlichkeiten, ohne dass darin noch ein Sinn gesehen würde. Man wird durch den Mythos, der hinter jedem Tabu steht, nicht mehr berührt. Somit nagt an den Gottesbildern der Zahn der Zeit, bis es irgendwann, wie schon bei Friedrich Nietzsche, heißt: „Gott ist tot." Dann kann wie etwa 2015 in der Zeitschrift GEO auf dem Titelbild gefragt werden kann: Brauchen wir Gott? Hier wäre Gott, als das Selbst ein Objekt, das man nutzen, zur Seite legen oder vielleicht sogar verzichten kann; ein Objekt, das vielleicht sogar ein Illusion ist.

Heute können die meisten Menschen nicht mehr an einen personalen Gott glauben, der als weißbärtiger Mann im Himmel sitzt. Dieses Gottesbild hat seine Wirkung und seinen Wert eingebüßt. Doch Menschen, die mit dem Bild eines Vatergottes im Himmel nichts mehr anfangen können, sind nicht zwangsläufig Atheisten. Etwa zwei Drittel der Deutschen stellen sich vor, dass eine höhere Ordnung oder eine Art höhere Energie hinter den Dingen steht und wirkt. Zur Idee von Gott als höherer Macht oder Energie meinte Jung:

> Damit wäre Gott [...] ein ungeheures Paradoxon, [...] nichts anderes als die Gegensätzlichkeit eines und desselben Wesens dar, eines Wesens, dessen innerste Natur eine Gegensatzspannung ist. Dieses Wesen nennt die Wissenschaft Energie.
>
> Jung, GW Bd. 8, § 103

Das Selbst als Energie – diese heute wiederkehrende Vorstellung von Gott ist uralt. (Regression) In früheren Kulturen hieß sie Mana, Numinosum, Wakanda oder Oki – um nur einige Begriffe zu nennen. Einige dieser Begriffe bedeuten nicht nur Energie, sondern meinen gleichzeitig das Heilige, Mächtige, Schöpferische, Unendliche oder Unsterbliche. Diese Energie entfaltet ihre Kraft an belebten und unbelebten Substanzen. Bereits frühere Kulturen machten sich zunutze, dass sie nirgends völlig fixiert ist, sondern fast überall hingeleitet werden kann: durch Fasten, Beten, Opfern (hebräisch korban – sich Gott nähern) Tanzen, Berühren von heiligen Gegenständen oder durch gewisse Atemtechniken konnte der Mensch sich einen Teil aneignen.

Jung hat beschrieben, dass bei Menschen, die das traditionelle Gottesbild nicht mehr projizieren können, sich die Gottesbilder nach innen richten und zu Dissoziation oder Inflation

Eine Mandala-Blüte als Rücken-Tatoo. „Der Körper ist die Kathedrale des 21. Jahrhunderts. Der Körper ist Ausdrucksmittel und Präsentationsfläche – und er ist einzigartig" (Christopher Paul Campbell, wikipedia.de).

führen. Im günstigen Fall tauchen Mandalas auf und ermöglichen eine Konzentration auf das innere Zentrum, eben das Selbst und stabilisieren via Begrenzung und Ordnung den Ich-Komplex.

Das heute vermehrt vorhandene Bedürfnis nach den von Jung beschriebenen Mandalas – abstrakte Ordnungsstrukturen –zeigt der Blick auf die englische Bestsellerliste von Amazon im August 2015. Sehr stark wurden Aufmerksamkeits-Ausmalbücher für Erwachsene nachgefragt, bei denen vorgedruckte Mandalas mit Farbstiften ausgemalt werden können. Wis-

senschaftler befürworten dieses Tun mit dem Hinweis, dass die Konzentration auf Linien, Begrenzungen und Strukturen wertvoll für die Gehirnfunktion sei. Was Stress abbauen hilft, könnte darauf weisen, dass immer mehr Menschen eine kompensatorische Stabilisierung des Ich-Komplexes suchen. Und abstrakte geometrische Formen, die seit Menschengedenken in religiösen Darstellungen zu finden sind, scheinen hinreichend geeignet, dieses kollektive Bedürfnis zu befriedigen.

Literatur

Daniel, R. (2018). Das Selbst. Stuttgart: Kohlhammer.

Silesius, A. (1675). Cherubinischer Wandersmann.

Dr. Renate Daniel
Ärztin für Psychiatrie, Psychotherapie und Psychoanalyse (C. G. Jung), Lehranalytikerin und Supervsiorin am C. G. Jung-Institut Zürich.

Gelebtes Leben bis zum Tod – jungianische Gedanken zur Lebendigkeit des Lebensendes

Ralf T. Vogel

Hermann Behrens: Weiblicher Akt mit Tod, 1901. Der Tod und das Mädchen ist ein sowohl schauriges als auch erotisches Motiv, das seit dem 16. Jahrhundert in verschiedenen Kunstgattungen verarbeitet wurde. Der personifizierte Tod tritt als Verführer oder gar als Liebhaber einer jungen Frau auf. (wikipaedia.org)

Werde, der/die Du bist

Wohl als erster bedeutender Psychologe entwickelte C. G. Jung eine Idee der lebenslangen menschlichen Entwicklung. Er ging damals noch von einem Phasenmodell aus, in dem er der zweiten Lebenshälfte radikal andere Aufgaben zusprach als der ersten, ja er sprach von einer „psychischen Mittagsrevolution" und einer in dieser Zeit sich vollziehenden „Umkehrung aller Werte".

Fast parallel zu diesem Phasenmodell beschrieb er aber auch ein viel moderneres und auch heute noch faszinierendes Konzept von Lebensaufgaben, die dem Menschen gestellt seien, die er nicht wählen oder abwählen könne und die er als archetypisch im Menschen angelegt empfand. Diese „Individuationsaufgaben" sind allenthalben bekannt, es geht darum, beständig seine eigenen Rollenvorstellungen und die der Erwartungen der Anderen (von Jung als Persona bezeichnet) zu hinterfragen, sich mit den eigenen dunklen, ungeliebten und auch ungelebten, meist unbewussten Seiten auseinanderzusetzen und sie als zu sich gehörig zu akzeptieren und Kontakt zu bekommen zu unseren „inneren Begleiterinnen und Begleitern", den oft personifiziert erscheinenden Seelenbildern, die Jung selbst noch gegengeschlechtlich als Animus der Frau und Anima des Mannes dachte. Heute sehen wir diese aber weiter und nicht mehr nur auf unbewusste geschlechtliche Gegenbilder zum Wachbewusstsein beschränkt. Um all diese Aufgaben zu erfüllen, müsse der Mensch sich auch beständig mit seinen Komplexen, als den Niederschlägen früherer, ihn überfordernder Beziehungserfahrungen, auseinandersetzen.

Wir würden wohl heute nicht mehr in vollem Umfang Jungs Ansicht teilen, dass diese Aufgaben nur die zweiten Lebenshälfte bestimmen könnten. Vielmehr sind wir alle schon von Kindheit an, wenn auch natürlich in sehr unterschiedlicher Art und Ausprägung, vor diese Themen gestellt, die wir auch als lebenslange Entwicklungsherausforderungen bezeichnen können und deren Konfrontation uns von Anfang an auf den Weg bringt, den Jung als unseren Individuationsweg benannte und die als unsere ureigene Pilgerreise zu unserem wirklichen Selbst, dem alten griechischen „Werde, der/die Du bist" bezeichnet werden könnte. Es handelt sich dabei um prinzipiell unabschließbare, quasi zyklisch sich wiederholende Anforderungen, die sich an Probleme, Konflikte und Krisen des Alltags binden (die uns sodann mit mehr oder weniger „sanfter Gewalt" zur Konfrontation mit diesen sonst gerne abgewehrten und ignorierten Aufgaben zwingen) und so zu wiederkehrenden Lebensthemen werden. In den Grundmotiven sind wir also alle vor diese Themen gestellt, in ihrer jeweiligen persönlichen Ausfaltung unterscheiden sich die Menschen allerdings wesentlich.

Existenzielle Themen

Dieses Modell von den Menschen ausmachenden und ihn dadurch auch bestimmenden unhintergehbaren Herausforderungen erinnert nebenbei bemerkt stark an die Vorstellungen der existenzialistischen Philosophie, die in der jeweils einzigartigen Konfrontation des Individuums mit den Fragen noch Lebenssinn, Einsamkeit, Freiheit und Tod eben diese Anforderungen zu entdecken glaubte und die ihrerseits wiederum nicht selten zur Konfrontation mit den archetypischen, von Jung herausgearbeiteten Lebensthemen zwingen.

Leben „im Angesicht des Todes"

Seit einigen Jahrzehnten nun wird zumindest uns Menschen der westlichen Industriegesellschaften, v.a. durch die Fortschritte der angewandten Naturwissenschaften, eine sich von Jahrzehnt zu Jahrzehnt erweiternde Lebensspanne zuteil. Dies hat zur Konsequenz, dass diejenige Krise, die uns unser ganzes Leben lang potenziell am meisten mit den Individuationsaufgaben konfrontiert, nämlich die Krise des Sterbenmüssens, zur „Überschrift" eines ganzen Lebensabschnittes wird.

Schwere Erkrankungen, ja auch den Tod vorhersagende medizinische Diagnosen, so wie auch ein sehr hohes Lebensalter bedeuten heute in keinster Weise mehr den baldigen Tod, sodass wir Menschen über z. T. recht lange Jahre „in conspectu mortis", wie Jung das in seiner Autobiografie nannte, also im Angesicht des Todes leben.

Das seit dem Mittelalter dem Menschen als „Entwicklungsförderer" empfohlene „Memento mori", das Bedenken der eigenen Sterblichkeit (und natürlich auch der Sterblichkeit aller unserer Liebsten), ist heute explizites Thema einer wachsenden Bevölkerungsgruppe, und die Wahrscheinlichkeit, dass wir alle einmal zu dieser Gruppe dazustoßen, ist sehr hoch.

Exkurs: Das „Geschenk der Sterblichkeit"

Der Zeitgenosse C. G. Jungs, der britische Philologie-Professor, Mythenforschen und Autor Tolkien (1892-1973) hat in seinem postum unter dem Titel *Silmarillion* erschienenen Grundlagenbuch den Menschen das Geschenk der Sterblichkeit zugewiesen, das sie etwa von den Göttern oder den Elben unterscheide und das ihre Einmaligkeit ausmache.

Der zeitlose „Himmelsvater" Ilúvatar bedenkt sie damit und deutlich wird auch die Warnung ausgesprochen, dass der Tod „nicht mit dem Dunkel verwechselt" werden darf. In einem Brief benennt er genauer, dass gerade dieses Geschenk, das durchaus auch ein Geschick oder Verhängnis (doom) sei, es dem Menschen ermögliche, sich vom „Kreislauf des Lebens" zu befreien.

Psychologisch gedeutet, könnte Tolkien damit meinen, dass das Wissen um den Tod dem Menschen eine Position außerhalb des alltäglich sich vollziehenden Lebens ermöglicht, ihm die Gelegenheit verschafft, sich selbst (seine Persona) und sein Schicksal dadurch zu relativieren und zu Gelassenheit, Mut ja gar Weisheit zu gelangen.

Was nun, so fragen wir uns als Analytische Psycholog*innen, könnte der seelische Nutzen einer solchen Jahre bis Jahrzehnte anhaltenden Todeskonfrontation, die von manchen Autor*innen vereinfacht auch als ausgedehntes und durch die Künste palliativer Medizin auch von unerträglichem körperlichen Leid weitgehend befreiten Lebensspanne sein? Und wie damit umgehen? Jung selbst bzw. die Analytische Psychologie rät uns zweierlei.

Zum einen sollten wir schon ab der Lebensmitte „mit dem Leben sterben wollen" (GW 8, § 800), das „Memento mori" („Sei dir der Sterblichkeit bewusst") also nicht erst auf eine durch eine medizinische Diagnose oder einen sterbenden Liebsten erzwungene Konfrontation verschieben, sondern als „Ziel" unseres Lebens stets im Bewusstsein halten.

MORS CERTA – HORA INCERTA
Der Tod ist gewiss,
die Stunde des Todes ungewiss

Den zweiten Hinweis erhalten wir von keinem geringeren als dem britischen Geheimagenten James Bond, wenn er in Ian Flemings Roman- und Filmtitel sagt: „Du lebst nur zweimal: Einmal, wenn du geboren wirst, und einmal, wenn du dem Tod ins Gesicht siehst."

In die Sprache der Analytischen Psychologie übertragen, weist uns James Bond darauf hin, dass wir in der Zeit unseres absehbaren Lebensendes, ja wahrscheinlich sogar in der Sterbephase selbst, noch einmal und vielleicht sogar mit voller Wucht, vor die Individuationsaufgaben gestellt werden. In zahlreichen Stellen der Weltliteratur begegnen wir drastisch-schönen Darstellungen diese Geschehens, etwa in Lew Tolstois *Der Tod des Iwan Iljitsch* (1886), in Thomas Manns Novelle *Die Betrogene* (1953) oder in neuerer Zeit etwa in Peter Nolls (1984): *Diktate über Sterben und Tod* (1984).

Und auch das *Letzte Abendmahl* der Christen oder das *Tibetanische oder Ägyptische Totenbuch*, die den Sterbenden vorzulesen sind, weisen in diese Richtung – es ist wohl davon auszugehen, dass, wie eben auch die Analytische Psychologie, wohl alle relevanten spirituellen Traditionen dem Lebensende eine herausragende Bedeutung zuweisen.

Als dritter Hinweis sei zur Frage nach der andauernden Konfrontation mit dem Tod die in der Kunsttheorie immer wieder anzutreffende Hypothese genannt, gerade das Spätwerk der Künstler*innen fasse noch einmal alles Gelebte zusammen, ja bringe es sogar vielleicht in einem letzten großen Akt „auf den Punkt", wie dies etwa die letzten Haikus japanischer Dichterfürsten eindrücklich belegen.

> Der geistige Höhepunkt wird am Schluss des Lebens erreicht. Das menschliche Leben ist also ein Vehikel höchstmöglicher Vollendung.
>
> Jung, GW 11, § 856

Die jungianische Individuationstheorie als eine Theorie der „Kunst des guten Lebens und des guten Sterbens" ist dann auch in ihren konkreten Ausformulierungen nicht wirklich neu, sondern hat ihre Vorläufer, z. B. in den mittelalterlichen Brevier- oder Psalterhandschriften, Stundenbüchern, Gebetsbüchern, ars vivendi-et-moriendi-Literatur. Und sie ist ein bedeutsamer Teil einer jungianischen Thanatopsychologie als derjenigen Sparte der Psychologie, die sich mit den innerseelischen Dynamiken des Menschen im Umfeld des Todes befasst.

Arbeit an den Lebensthemen

Wie sieht diese Konfrontation mit den Individuationsthemen am Lebensende nun aber tatsächlich aus? Zwei besonders eindrückliche Beispiele seien herausgegriffen. Jede/r von uns kennt schon bei leichterer körperlicher Erkrankung die große seelische Bedrängnis, in die wir geraten können, wenn wir unsere angestammten Rollen (etwa der versorgenden Mutter oder des verantwortungsvoll bemühten Therapeuten) auch nur temporär nicht mehr nachkommen können.

Pflegebedürftigkeit ist für viele von uns v.a. deshalb ein extrem angstbesetztes Thema. Alles, was bisher unsere „äußere Persönlichkeit" ausmachte, Autonomie, Selbstbestimmung und Selbstwirksamkeit, ist jetzt gefährdet oder gar eingebrochen. Depressive Stimmungen im Zusammenhang mit körperlichen Beeinträchtigungen sind die nicht seltene Folge und zwingen uns zu einer Neudefinition unseres Selbst, die dann eben ohne die Erfüllung eigener oder fremder Rollen- und Leistungserwartungen auskommen muss.

Eine zweite, unmittelbar einleuchtende Folge der Todesnähe ist die Konfrontation mit dem, was Jung den Schatten nannte. Unser ungelebtes Leben kommt uns, mehr oder weniger bedauernd, in den Sinn und auch die Frage, ob wir im Leben größere Fehler gemacht, uns größere Versäumnisse geleistet und somit vielleicht Schuld auf uns geladen oder uns gar zu schämen haben. Es wird gerade hier auch deutlich, dass diese Themen zwangläufig aufscheinen, dass wir sie, wie oben ganz allgemein von den Individuationsaufgaben behauptet, also nicht umgehen können und dass diese Themen eine hohe intrapsychische Dynamik entfalten.

Resümee

Tiefenpsychologisch betrachtet ist also das Lebensende gerade durch die Konzentration aller lebenslang bereits gegebenen Entwicklungsherausforderungen (und im Übrigen auch durch die Konzentration aller im Existenzialismus aufgezeigten existenziellen Daseinsbedingungen) eine äußerst lebendige Angelegenheit! Und dies auch, wenn vielleicht der Körper immer hinfälliger und auch die geistigen Kapazitäten immer eingeschränkter werden.

Hier ist anzumerken, dass die Auseinandersetzung mit den Individuationsaufgaben nicht eine hoch philosophische, sondern eine höchst lebenspraktische ist, die nur wenig mit der gerade gegebenen Gedächtniskapazität zusammenhängt. So beschäftigte sich etwa der bereits genannte hochintellektuelle Schweizer Richter Peter Noll mit genau den Themen einer Persona-Relativierung, die auch bei jedem Alzheimerpatienten zum bestimmenden Lebensthema wird, auch wenn diese Tatsache schon gar nicht mehr reflektiert werden kann.

Es ist an letzter Stelle noch wichtig zu betonen, dass hier weder billigem Trost und erst recht keinem Leides- oder Sterbeeuphemismus das Wort geredet werden soll. Vielmehr dürfte deutlich geworden sein, dass gerade durch den existenziellen Schrecken, den das Leiden und letztendlich der Tod für jeden von uns bedeuten (und den diese eben auch bedeuten sollen), genau diejenigen krisenhaften Zuspitzungen stattfinden, die ja erst wirklich an die Individuationsaufgaben heranführen.

Literatur

Vogel, R. (2012). Todesthemen in der Psychotherapie. Stuttgart: Kohlhammer.

Vogel, R. (2015). Der Tod ist groß, wir sind die Seinen. Mit dem Leben sterben lernen. Ostfildern: Patmos.

Vogel, R. (2017) Individuation und Wandlung. Stuttgart: Kohlhammer.

Prof. Dr. phil. Ralf T. Vogel
ist Psychoanalytiker und Lehranalytiker u.a. am C. G. Jung-Institut München. Er arbeitet in freier Praxis für Psychotherapie und Supervision in Ingolstadt und unterrichtet als Honorarprofessor für Psychoanalyse und Psychotherapie an der Hochschule für Bildende Künste in Dresden.

Träume und Visionen von C. G. Jung

Das Gesicht der überirdischen Schönheit

Ich fand mich in einer Stadt, schmutzig, rußig. Es regnete und es war finster, es war Winter und Nacht. Das war Liverpool. Mit einer Anzahl, sagen wir einem halben Dutzend Schweizern ging ich durch die dunkeln Straßen. In der Mitte befand sich ein runder Teich und darin eine kleine zentrale Insel. Während alles von Regen, Nebel, Rauch und spärlich erhellter Nacht bedeckt war, erstrahlte die kleine Insel im Sonnenlicht.

Dort wuchs ein einzelner Baum, eine Magnolie, übergossen von rötlichen Blüten. Es war, als ob der Baum im Sonnenlicht stünde und zugleich selbst Licht wäre. [...] Ich war von der Schönheit des blühenden Baumes und der sonnenbestrahlten Insel hingerissen und dachte: Ich weiß schon warum, und erwachte. Dieser Traum stellte meine damalige Situation dar. Ich sehe jetzt noch die grau-gelben Regenmäntel, von der Feuchtigkeit des Regens glänzend. Alles war höchst unerfreulich, schwarz und undurchsichtig – so wie ich mich damals fühlte. [...]

Aber ich hatte das Gesicht der überirdischen Schönheit, und darum konnte ich überhaupt leben. Das Erlebnis des Traumes verband sich mir mit dem Gefühl des Endgültigen. Ich sah, dass hier das Ziel ausgedrückt war. Die Mitte ist das Ziel, und über sie kommt man nicht hinweg. Durch den Traum verstand ich, dass das Selbst ein Prinzip und ein Archetypus der Orientierung und des Sinns ist. Darin liegt seine heilbringende Funktion.

(Traum von C. G. Jung aus: Jung/Jaffé, 1962, S. 201)

Umschwebt von Bildern aller Kreatur

Oder ich war wie der Rabbi Simon ben Jochai, dessen jenseitige Hochzeit gefeiert wurde. Es war die mystische Hochzeit, wie sie in den Vorstellungen der kabbalistischen Tradition erscheint. Ich kann Ihnen nicht sagen, wie wunderbar das war. [...] Im Grunde genommen war ich es selber: ich war die Hochzeit. Und meine Seligkeit war die einer seligen Hochzeit.

Allmählich klang das Erlebnis des Granatapfelgartens ab und wandelte sich. Es folgte die „Hochzeit des Lammes" im festlich geschmückten Jerusalem. Ich bin nicht imstande zu beschreiben, wie es im einzelnen war. Es waren unbeschreibbare Seligkeitszustände. Engel waren dabei und Licht. Ich selber war die „Hochzeit des Lammes". [...] Tänzer und Tänzerinnen traten auf; und auf einem blumengeschmückten Lager vollzogen Allvater Zeus und Hera den Hierosgamos, wie es in der Ilias beschrieben ist. All diese Erlebnisse waren herrlich, und ich war Nacht für Nacht in lauterste Seligkeit getaucht, „umschwebt von Bildern aller Kreatur".

Von der Schönheit und der Intensität des Gefühls während der Visionen kann man sich keine Vorstellung machen. Sie waren das Ungeheuerste, was ich je erlebt habe. [...] Damals verstand ich, warum man vom raumerfüllenden „Geruch" des Heiligen Geistes spricht. Das war's. Es war ein Pneuma im Raum von unaussprechlicher Heiligkeit, deren Verdeutlichung das Mysterium Coniunctionis war.

Ich hätte nie gedacht, dass man so etwas erleben könnte, dass eine immerwährende Seligkeit überhaupt möglich sei. Die Visionen und Erlebnisse waren vollkommen real; nichts war anempfunden, sondern alles war von letzter Objektivität.

Man scheut sich vor dem Ausdruck „ewig", aber ich kann das Erleben nur als Seligkeit eines nicht-zeitlichen Zustandes umschreiben, in welchem Gegenwart, Vergangenheit und Zukunft eines sind. Das einzige, was das Gefühl erfassen könnte, wäre eine Summe, eine schillernde Ganzheit [...].

(Visionen in Todesnähe von C. G. Jung aus: Jung/Jaffé, Erinnerungen ..., 1962, S. 201)

Stufen der Individuation (3)

Erfahrung des kollektiven, evolutionären und transpersonalen Unbewussten

Methoden: Kontemplation, Meditation, Körperarbeit, Imagination, Traumarbeit, veränderte Bewusstseinszustände …

- Auseinandersetzung mit den existenziellen Grundfragen wie Einsamkeit, Beziehung, Freiheit, Verantwortung, Sinn, Liebe und Tod
- dem kollektiven Schatten
- dem Weiblichen und Männlichen (Anima / Animus)
- den grundlegenden Archetypen z. B. „Große Mutter", „Großer Vater", Heros, Eros, das „göttliche Kind", die alte Weise, der alte Weise
- dem SELBST
- dem „Unus mundus", der Einheitswirklichkeit
- östlichen und westlichen Formen der Spiritualität und Religiosität
- dem Mandala

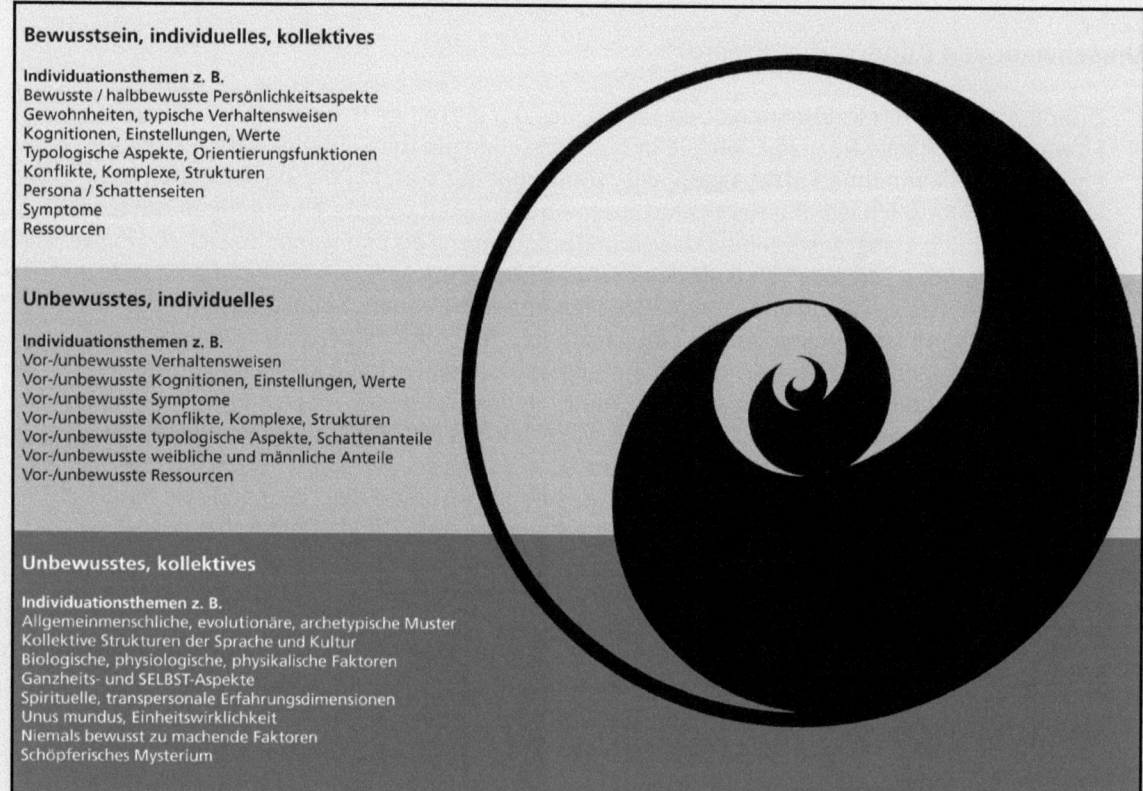

Bewusstsein, individuelles, kollektives

Individuationsthemen z. B.
Bewusste / halbbewusste Persönlichkeitsaspekte
Gewohnheiten, typische Verhaltensweisen
Kognitionen, Einstellungen, Werte
Typologische Aspekte, Orientierungsfunktionen
Konflikte, Komplexe, Strukturen
Persona / Schattenseiten
Symptome
Ressourcen

Unbewusstes, individuelles

Individuationsthemen z. B.
Vor-/unbewusste Verhaltensweisen
Vor-/unbewusste Kognitionen, Einstellungen, Werte
Vor-/unbewusste Symptome
Vor-/unbewusste Konflikte, Komplexe, Strukturen
Vor-/unbewusste typologische Aspekte, Schattenanteile
Vor-/unbewusste weibliche und männliche Anteile
Vor-/unbewusste Ressourcen

Unbewusstes, kollektives

Individuationsthemen z. B.
Allgemeinmenschliche, evolutionäre, archetypische Muster
Kollektive Strukturen der Sprache und Kultur
Biologische, physiologische, physikalische Faktoren
Ganzheits- und SELBST-Aspekte
Spirituelle, transpersonale Erfahrungsdimensionen
Unus mundus, Einheitswirklichkeit
Niemals bewusst zu machende Faktoren
Schöpferisches Mysterium

Die Abbildung soll andeuten, dass der fortwährende schöpferische Wandlungsprozess (Kreis) jetzt eine Tiefe erreicht hat, in der auch archetypische, transpersonale Dimensionen einbezogen und entsprechende Erfahrungen gemacht werden können.

Selbstwerdung auf dem Sufi-Weg[*]

Brigitte Dorst

Sufismus im Spektrum der Spiritualität des 21. Jahrhunderts

Auf der Ebene des kollektiven Bewusstseins zeigt sich in den letzten Jahrzehnten ein wachsendes Interesse an spirituellen Themen und Fragen, an alten und neuen Formen praktizierter Spiritualität und Religiosität. Dies gilt auch für Psychologie und Bewusstseinsforschung. Für die spirituell suchenden Menschen geht es um das Erkunden der eigenen Innenwelt, um die Öffnung für andere Bewusstseinsräume und um die Suche nach einem spirituellen Weg im Rahmen der eigenen Persönlichkeitsentwicklung.

Das neue Verständnis von Spiritualität fordert eine Weltanschauung und eine Lebensweise, die geprägt sind von Mitmenschlichkeit, Bewusstheit, Achtsamkeit und Offenheit für Erfahrungen in Tiefendimensionen, die über das Alltagsbewusstsein hinausgehen, es transzendieren. Verbundenheit ist ein zentrales Merkmal einer globalen, transkonfessionellen Spiritualität – Verbundenheit mit etwas Transzendentem, dem Urgrund des Seins, aber auch mit der Natur, mit den Mitmenschen und Mitlebewesen.

Das Kennzeichnende einer Spiritualität des 21. Jahrhunderts ist das Transkonfessionelle, Universale, es sind Religionen und Kulturen übergreifende neue Synthesen und Verbindungen. Dies gilt besonders für den heutigen Sufismus.

Was ist Sufismus?

Sufismus ist ein spiritueller Schulungsweg, dessen Aufgabe darin besteht, den Suchenden auf dem spirituellen Pfad Hilfestellung zu geben, das Herz zu öffnen und das Bewusstsein zu weiten. Am Anfang der Suche steht für viele Menschen eine oft nur diffus spürbare, nicht näher benennbare Sehnsucht, die sie auf die spirituelle Reise führt. Es ist eine Suche nach innen, in die Mitte der eigenen Existenz, des eigenen Selbst.

Am häufigsten findet man die Beschreibung, Sufismus sei die Mystik des Islam. Es ist zwar richtig, dass das Sufitum in islamischen Ländern bzw. der islamischen Kultur eine besondere Blüte erfahren hat. Sufismus ist aber älter als der Islam, er ist ein geistiger Schulungsweg, dessen Essenz aus den alten Weisheitslehren stammt. Seine Quellen und Ursprünge sind vielfältig, gehen zurück bis auf die ägyptischen Mysterien, die Gnosis, die Erkenntnisse der griechischen Philosophie, ebenso finden sich darin Weisheiten aus den hinduistischen Quellen und der jüdischen Mystik.

Das breitere Verständnis heißt also: Sufismus als mystischer Pfad ist seinem Wesen nach frei und unabhängig von allen Zuschreibungen und der Zugehörigkeit zu einer bestimmten Religion oder Konfession. Er gehört zur Philosophia perennis, dem evolutionären Strom des erwachenden Geistes der Menschheit, und ist ein Prozess der Entwicklung menschlicher Fähigkeiten der Erkenntnis und des Liebens.

Ich verstehe Sufismus als einen der spirituellen Kraftströme, die den Prozess der Evolution auf diesem Planeten vorantreiben – als ein besonderes Quantenfeld, einen Energiestrom der Liebe, eine schöpferische Kraft. Sie will Menschen dabei helfen, das menschliche Bewusstsein zu tieferer Erkenntnis zu führen und das menschliche Potenzial an Liebesfähigkeit, an Mitgefühl, an der Fähigkeit, ein liebevollerer Mensch zu werden, zu entfalten.

Sufismus und Analytische Psychologie: Nähe und Übereinstimmung

Der Sufi-Weg, so wie ich ihn bei meiner spirituellen Lehrerin Irina Tweedie kennenlernen durfte und weiter vermittle, verbindet das reiche Erbe des Sufismus mit den Einsichten und Methoden der Analytischen Psychologie C. G. Jungs. Sowohl im Sufismus als auch in der Analytischen Psychologie geht es um Bewusstseinsentwicklung, also darum, dass der Mensch aus einem Zustand von Unbewusstheit zu größerer Bewusstheit gelangt. Beide verstehen den Lebensweg des Menschen als einen Wandlungsprozess. Das menschliche Leben wird von C. G. Jung unter der Zielrichtung der Reifung, Sinnfindung und Ganzwerdung gesehen. Diesen Prozess nannte er Individuation. Sie ist das Herzstück der Analytischen Psychologie. Das Ziel der Individuation lässt sich auf die Formel bringen: „Werde, der/die du bist" – in einem lebenslangen Prozess der Entfaltung der Persönlichkeit und der Selbsterkenntnis.

> Selbsterkenntnis ist ein Abenteuer, das in unerwartete Weiten und Tiefen führt.
> Jung, GW 14/II, § 398

So hat Jung es einmal formuliert, d.h. sie führt auch in transpersonale Erfahrungsdimensionen. Die Erweiterung des Bewusstseins ist für Jung die menschliche Bestimmung:

> Darum ist wohl das irdische Leben von so großer Bedeutung und das, was ein Mensch beim Sterben hinüberbringt, so wichtig, nur hier, im irdischen Leben, wo die Gegensätze zusammenstoßen, kann das allgemeine Bewusstsein erhöht werden. Das scheint die metaphysische Aufgabe des Menschen zu sein.
> Jung, Jaffé, 1981, S. 314

Die menschliche Bewusstseinsentwicklung hat für Jung eine kosmische Bedeutung, weil in ihr das Universum sich selbst erkennt; der Mensch ist dazu da, so Jung:

> dass der Schöpfer seiner Schöpfung und der Mensch seiner selbst bewusst werde.
> Jung, Jaffé, 1981, S. 341

Hier nähert sich Jung den Aussagen der Mystik, auch des Sufismus. Auf dem Sufi-Weg als einem Erkenntnisweg wird als Schlüsselsatz ein außerkoranisches Gotteswort gesehen:

> Ich war ein verborgener Schatz und wollte erkannt werden; deshalb schuf Ich die Welt.
> Hadith, zit. n. Schimmel, 1984, S. 69

Irina Tweedie, 1907-1999,
Sufilehrerin

Die Seele selbst ist für Jung „naturaliter religiosa" und das Bedürfnis, sich einem größeren Ganzen zugehörig zu fühlen und Sinn im Leben zu finden, eine „conditio humana", Grundbedingung menschlicher Existenz. So schreibt er in seinen Erinnerungen:

> Die entscheidende Frage für den Menschen ist: Bist du auf Unendliches bezogen oder nicht? Das ist das Kriterium seines Lebens.
> Jung, Jaffé, 1981, S. 327 f.

Lernen auf dem Sufi-Weg: ein Transformationsprozess

Sufis sind davon überzeugt: Menschen sind zum Lernen hier, um am Prozess der Evolution teilzunehmen, der mit dem uranfänglichen Feuerball begann und sich zum Menschen hin weiterentwickelte, vom Präpersonalen über das Personale zum Transpersonalen. Der Mensch ist zum Lernen und zum Erkennen in diesem Leben.

Lernen auf dem Sufi-Weg bedeutet nicht Erwerb von Wissen im üblichen Sinne. Lernen bedeutet Bewusstseinserweiterung und vor allem: sich zu erinnern, den Zugang zum eigenen inneren Wissen zu finden.

Dazu sind u.a. bestimme Formen des Verlernens notwendig: das Verlernen von konditionierten Wahrnehmungs-, Denk- und Verhaltensmustern. Es gibt keine tradierten Lehren, vermittelt werden auch nicht Wissensbestände,

5000 Lira: Türkische Banknote mit Dschalāl ad-Dīn Muhammad Rūmī auf der Rückseite.

sondern Wege der Entwicklung und Formen des Lernens. Es geht darum, Ballast loszuwerden, Gewohnheiten, Sicherheiten, Fixierungen, feste Selbstbilder, persönliche Überzeugungen, Dinge, die man bislang für unabdingbar gehalten hat. Lernen heißt auch, den Geist freizumachen vom ungeordneten Informationschaos unserer Zeit, immer wieder leer zu werden und Raum zu schaffen für innere Erfahrungen.

Der Mensch hat oft keinen Zugang zu seinen eigenen inneren Wahrnehmungsmöglichkeiten, kann sein Potenzial nicht entfalten, weil er voller subjektiver Vorstellungen und Konditionierungen ist, weil er innerlich so „zugemüllt" ist, auch mit falschen Vorstellungen von dem, wer und was er ist und was dem Leben Sinn gibt.

Lernen auf dem Sufi-Weg bedeutet, aufmerksam, im Hier und Jetzt Sinnzusammenhänge, Übungsmöglichkeiten, notwendige Lebenserfahrungen zu sammeln, im Gelungenen wie im Misslungenen. In der heutigen Zeit wichtig ist vor allem die Weggemeinschaft in einer spirituellen Gruppe und wie bei vielen anderen Lernformen auch ein passender Lehrer bzw. Meister.

Ein besonders tiefenwirksames Lehr- und Lernmaterial sind die humorvollen Sufi-Geschichten. Sie sind Hilfsmittel zur spirituellen Entwicklung, zum Umlernen, Neulernen, zum Verlassen von Routinen und Aufgeben starrer, automatisierter Denk- und Verhaltensweisen – eben Hilfsmittel zur Transformation. Oft geht es

in ihnen darum, die Begrenztheit der menschlichen Vorstellungen deutlich zu machen, etwa in der folgenden Sufi-Geschichte:

> Eines Tages entdeckte ich, dass ich die Sprache der Bienen sprechen konnte. Ich fragte sie: „Wie sieht Gott aus? Gleicht er euch?" – „Gott", sagten die Bienen, „Oh nein! Wir haben einen Stachel, aber Gott, Gott hat zwei Stachel!"

Das wichtigste Lehr- und Lernmaterial ist das Leben selbst, mit den Situationen, in die es uns hineinstellt. „Das Leben ist der größte Guru" (Irina Tweedie).

Stufen und Entwicklungsphasen

Der Sufi-Weg ist ein geistiger Erkenntnis- und Reifungsprozess. In der Sufi-Literatur gibt es zahlreiche Beschreibungen von seinen Stufen und Entwicklungsphasen. Ich würde die Entwicklungsstufen in psychologischer Sprache so benennen: Lernen, wie man lernt; Reinigung, Dekonditionierung und Schattenerkenntnis (therapeutische Arbeit der Selbsterkenntnis); bessere Balance von Innenwelt und Außenwelt; Erwachen, Bewusstseinserweiterung und innere Erfahrungen durch Meditation; Sinn im Leben finden; Fortschreiten auf dem Weg der Individuation; ein liebender Mensch werden und immer mehr in das Kraftfeld der Liebe einbeziehen können; mystische Erfahrungen des Göttlichen.

Natürlich lassen sich solche Stufen nicht klar voneinander abgrenzen, es gibt auch keine klare Reihenfolge. Manches hängt von individuellen Entwicklungsmöglichkeiten und vom Schicksal des Einzelnen ab. Der spirituelle Weg beginnt für viele dort, wo ein Suchender erkennt, dass er bislang das Wesentliche, den Sinn des Lebens nicht gefunden hat. C. G. Jung schreibt:

> Letzten Endes gilt man nur wegen des Wesentlichen, und wenn man das nicht hat, ist das Leben vertan.
>
> Jung, Jaffé, 1981, S. 328 f.

Träume als spirituelle Wegweiser

Zur Selbstwerdung auf dem Sufi-Weg gehört die Orientierung an den Botschaften der Träume. Sie gelten auch in den traditionellen Schulungswegen des Sufismus als spirituelle Wegweiser. Die gemeinsame Deutungs- und Verstehensarbeit an Träumen hat in unserer Sufi-Gruppe im Sophia-Zentrum in Münster einen besonderen Stellenwert, ausgerichtet an den Konzepten der Analytischen Psychologie.

Die Arbeit an Träumen bahnt Wege im Dialog zwischen dem Bewussten und dem Unbewussten des Träumers oder der Träumerin, bei dem Botschaften aus den Tiefen der Seele aufsteigen können und sich ein inneres Wissen zeigt.

Die Träume verdeutlichen auch etwas vom Transformationsprozess, der auf dem Sufi-Weg geschieht, denn jeder spirituelle Erfahrungsweg ist ein Prozess der inneren Entfaltung und Wandlung und einer immer klareren Ausrichtung auf das Göttliche in uns.

Ein Traum, der im Raum der Gruppe erzählt wird, hilft der ganzen Gruppe, sich auf die Ebene tieferer Bedeutungen einzulassen, sich quasi auf einer anderen geistigen Schwingungsebene zu bewegen. So können Träume zu einer Lehr-/Lerngeschichte für alle werden.

Das Herz öffnen und lieben lernen

Das Herz steht für die ganze Person, es ist zugleich Seele, Bewusstsein und Gefühle, Lebensenergie, Liebesfähigkeit, Hingabe und inneres Wissen. Es galt zugleich immer als Ort des Göttlichen:

> Ich blickte in mein eignes Herz, da sah ich Ihn, an keinem andern Ort war Er.
>
> Rumi, 1996, S. 49

Das Erahnen dessen, was mystische Erfahrung bedeutet, ermöglicht uns heutigen Menschen immer wieder Jalaluddin Rumi (1207–1273), der große Lehrmeister der mystischen Liebe und einer der größten und berühmtesten Dichter im arabischen Sprachraum. Seine Botschaften tönen über die Grenzen von Jahrhunderten und Kulturen hinweg, vom 12. Jahrhundert bis heute, sie wecken in den Herzen der Menschen die Sehnsucht und Liebe zu dem Einen. Seine Poesie entzündet die Herzen, macht sie unruhig und sehnsüchtig, sodass Menschen auf die Suche gehen.

Wenn Sufis von Liebe sprechen, meinen sie nicht die im Allgemeinen als „Liebe" bezeichnete Emotion, nicht die Beziehung, die „Ich" zu einem „Du" hat. Aus Sicht des Sufismus ist Liebe das, was wir „sind", sie ist unsere „wahre" Natur, ein Seinszustand. Sufis meinen eine bedingungslose Liebe, die für sie die unbeschreibliche Anziehung des Göttlichen ist. Und wenn sie die Liebe meinen, dann sprechen Sufis erst einmal von der Sehnsucht.

> Liebe, wenn ich nach Dir Ausschau halte, merke ich, dass Du mich suchst.
>
> Rumi, 1992, S. 123

> Es gibt nur einen Weg, Ihn zu gewinnen, Ihn, den Geliebten – Ich muss Er selber werden.
>
> Rumi, 1992, S. 181

Ein zentrales Sufi-Symbol für den Zustand des Getrenntseins und der Sehnsucht ist die Rohrflöte, auf die Rumi uns immer wieder hinweist. Das Lied der Rohrflöte ist eines der berühmtesten Gedichte aus seinem Werk. Sie ist ein Symbol für die Seele, die sich zurücksehnt nach dem göttlichen Urgrund:

> Hör auf der Flöte Rohr, wie es erzählt und wie es klagt, vom Trennungsschmerz gequält!
> Seit man mich aus der Heimat Röhricht schnitt, weint alle Welt bei meinen Tönen mit.
>
> Rumi, 1994, S. 23

Die Liebe, die in einer besonderen Form der Herzensmeditation geweckt wird, ist die entscheidende transformative Kraft. Aber ihr Ort ist nicht die Innerlichkeit, sondern das alltägliche Leben.

Hakan Mengüç, Musiker,
Ney-Rohrflöte

So sagt Idries Shah:

> Der Sufismus gründet sich in der Liebe,
> wirkt durch die Dynamik der Liebe und
> manifestiert sich durch das gewöhnliche
> menschliche Leben [...].
>
> Shah, I., 1981

Lieben lernen heißt daher, aus der Engstirnigkeit des ständigen Be- und Verurteilens bei anderen und uns selbst herauszufinden, in die Weite des Herzens. Es geht darum, das Herz so weit zu öffnen, bis alles und jedes, was uns im Leben begegnet, darin Platz finden kann. Die Liebe lehrt ein anderes Sehen – mit den Augen des Herzens. Sie zeigt sich in Mitgefühl, Duldsamkeit, Güte, Großzügigkeit, Vergebung, Anpassung an das, was das Leben und der jeweilige Augenblick erfordern.

Meditation und mystische Erfahrung: Einheit mit dem Göttlichen Freund

Im Zentrum der spirituellen Praxis auf dem Sufi-Weg steht die Meditation. Sie ist eine Form der Erweckung der Liebe im Herzen. Verstand und Sinne müssen still werden, damit die innere Wirklichkeit des Herzens erfahrbar wird.
Der Sinn der Meditation ist: das Herz zu öffnen, das menschliche Potenzial an Liebesfähigkeit zu wecken und verbunden zu sein mit dem Einen. Es geht darum, das Herz, das Zentrum des höheren Bewusstseins des Selbst, in der Meditation

zur Entfaltung zu bringen, sich einzulassen auf mystische Erfahrung.

Im Schweigen, in der Stille, in der Meditation geschieht das Eigentliche, die sehnsüchtige Suche nach dem Göttlichen, die Ausrichtung nach ihm. Es geht um Liebe, um Hingabe an Der/Die/Das, um die Einheit mit dem Göttlichen Freund. Der Freund, die Geliebte ist das im Sufismus immer wieder verwendete Bild für das Göttliche. Es ist ein Symbol, ein archetypisches anthropomorphes Gottesbild, dessen Entstehung aus einer geschichtlichen Perspektive heraus zu sehen ist. Auch als hilfreiches Bild ist es aber nur als eine Vorstellung vom Göttlichen (d.h. etwas, das davor steht), die immer noch eine Dualität beinhaltet. In der tiefen mystischen Erfahrung sind Liebe, Liebende/-r und Geliebte/-r jedoch eins.

Neben den personalen Gottesbildern – der Göttliche Freund, der/die Göttliche Geliebte – gibt es für uns heutige Menschen auch Bilder, die unserem quantenphysikalischen Weltbild entsprechen: apersonale Gottesbilder wie etwa das Quantenfeld der Liebe. Doch auch die personalen Gottesbilder des Sufismus sind nur Symbole für die Erfahrungen des Göttlichen, die mit Worten nicht zu fassen und nicht zu vermitteln sind: Der oder die Göttliche Geliebte ist, so Stephen und Ondrea Levine: weder eine Person noch ein Ort oder Zustand, es ist die Erfahrung tiefer und tiefster Ebenen des Seins. (Levine, S., Levine, O., 1995, S. 18) Das Herz ist der ortlose Ort der Erfahrung der mystischen Einheit von Liebe, Liebendem und Geliebtem. Ya'kub ibn Yusuf, ein zeitgenössischer jüdischer Sufi, versucht dies so zu beschreiben:

> Die Geliebte der Sufis ist das letztgültige
> Bild Gottes, des Geliebten, es ist die
> Zerbrecherin aller Bilder im Schrein des
> Herzens. Sie ist die Form, die über die
> Form hinausführt, das Hindernis vor dem
> Weg und der Weg.
>
> Zit. nach: Matthews, 1993, S. 224

Entwicklung, Individuation und Entwerden

Man kann sagen, dass ein heutiger Mensch auf dem spirituellen Weg zunächst den psychologischen Weg der Individuation zu gehen hat, im Sinne des natürlichen und autonomen Reifungsprozesses, welcher der Psyche als Entwicklungs-tendenz mitgegeben ist, als Drang zur Selbstver-wirklichung und Ganzwerdung. Und zu dieser angestrebten Ganzheit gehört der Bezug zur Transzendenz. So hat C. G. Jung einmal gesagt:

Im Verlauf des Individuationsprozesses er-reicht der Mensch die Eingangsschwelle zum Hause Gottes.

Auch gilt: Ein spiritueller Weg beginnt auf der psychologischen Ebene und ist in weiten Teilen ein Prozess der Selbsterkenntnis, Klärung, Rei-nigung, Bewusstwerdung, Arbeit an den eigenen Problemen und Schattenanteilen. Wer sich auf in-tensive regelmäßige spirituelle Übung und Medi-tation einlässt, der begegnet unweigerlich seinen Schattenseiten, die angenommen und integriert werden wollen, beim Werde, der/die du bist.

Wenn auf dem Weg der Selbstwerdung dann der innere Raum leerer, das Herz geweitet wird, wenn durch die Energien der Herzensmeditation die Fähigkeit zum Lieben und die innere Sehn-sucht nach dem Göttlichen stärker werden, lässt dies Menschen vielleicht in den Bereich mystischer Erfahrungen. Das, was dort erfahren wird, wird im Sufismus „Stirb, bevor du stirbst" genannt.

„Stirb, bevor du stirbst" ist keine Aufforde-rung, das Leben gering zu schätzen. Gemeint ist damit die mystische Erfahrung der Auslöschung und des Entwerdens, die in der klassischen Sufi-Literatur "fana" genannt wird. Es ist das Loslassen und die Aufgabe des Ich, und durch das Verschwinden des Ich geschieht „baqa": das Wiedergeboren- oder Erwachtsein im gött-lichen Selbst. Wir können auch sagen: „Fana" ist die Überschreitung der begrenzten, perso-nalen sterblichen Form des Ich hin zum trans-zendenten Sein. Oder: Das begrenzte Ich muss entgrenzt werden. In Annäherung an diese Er-fahrungen vermag wiederum C. G. Jung einen wichtigen Hinweis zu geben:

Es muss noch verstanden werden, dass das „mysterium magnum" nicht nur an sich vorhanden, sondern auch vornehm-lich in der menschlichen Seele begrün-det ist.

Jung, GW 12, § 13)

Absurd? Dazu die Antwort einer Sufi-Geschichte: „Wie absurd", sagte die Eintagsfliege, als sie zum ersten Mal das Wort ‚Woche' hörte.

Literatur

Jung, C. G., Jaffé, A. (1981). Erinnerungen, Gedanken, Träume. Olten: Walter.

Levine, S., Levine, O. (1995). In Liebe umarmen. Biele-feld: Context.

Matthews, C. (1993). Sophia – Göttin der Weisheit. Düssel-dorf: Walter.

Rumi, D. (1992). Traumbild des Herzens: hundert Vierzeiler. Zürich: Manesse.

Rumi, D. (1994). Offenes Geheimnis : eine Auswahl aus sei-nem poetischen Werk. München: Knaur.

Rumi, D. (1996). Das Lied der Liebe. München: Heyne.

Schimmel, A. (1984). Stern und Blume: d. Bilderwelt d. pers. Poesie. Wiesbaden: Harrassowitz.

Shah, I. (1981). Die Sufis. Botschaft der Derwische, Weis-heit der Magier, Diederichs: Düsseldorf.

Tweedie, I. (1988). Der Weg durchs Feuer. Interlaken: An-sata.

Brigitte Dorst
Professorin für Psychologie und Psychoanalytikerin (C. G. Jung). Seit 1994 leitet sie Meditationsgruppen im Rah-men des Sophia-Zentrums, Münster/Westf. Sie arbeitet als approbierte Psychotherapeutin und Supervisorin in freier Praxis in Münster und ist Lehranalytikerin am C. G. Jung-Institut Stuttgart. Zahlreiche Veröffentlichungen im Bereich der Tiefenpsychologie und Spiritualität.

*Der vorliegende Aufsatz ist ein überarbeiteter und ergänz-ter Auszug aus: Brigitte Dorst: Alles beginnt mit Sehnsucht und Suche. Patmos Verlag, Ostfildern, 2018.

Individuation und Mystik

Mai Dürr

Im Fluss des Lebens die Mitte bewahren.

Halt an, wo läufst du hin?
Der Himmel ist in dir.
Suchst du Gott anderswo,
du fehlst ihn für und für.
                    Angelus Silesius

Im Leben eines jeden Menschen gibt es Lichtspuren, die immer wieder aufleuchten: Bücher, die uns elektrisieren, Orte, die uns anziehen, Menschen, die uns prägen. Mal sind es kleine Lichtpunkte, mal sind es große Leuchtfeuer. Immer wieder leuchten sie auf, wiederholen sich, zeigen in dieselbe Richtung: Signale für den eigenen inneren Weg. Es ist wichtig, sie wahrzunehmen und zu beachten, gut hinzuschauen und hinzuhören. Hierin gleichen sich der Weg der Individuation und der mystische Weg. Beide erfordern Achtsamkeit, Klarheit, immer wieder den Mut, den „breiten Weg" (Mt. 7,13), den Mainstream, zu verlassen und sich unabhängig zu machen von der Meinung anderer.

Hermann Hesse: Siddhartha

Ich möchte von einigen Lichtspuren auf meinem eigenen Weg erzählen und dabei den einen oder anderen wichtigen Aspekt des Themas aufzeigen. Eine erste Lichtspur war für mich Hermann Hesse. In seinem Buch *Narziss und Goldmund* entdeckte ich als Schülerin meine stille Liebe zu Klöstern. Noch mehr beeindruckt mich heute seine indische Dichtung *Siddhartha*. Hesse hat sie nach einer schweren Krise verfasst, die durch die Erfahrungen des Ersten Weltkriegs ausgelöst war. Im Frühjahr 1916 unterzog er sich deshalb einer psychoanalytischen Behandlung. Mithilfe des Arztes Bernhard Lang, eines Schülers von C. G. Jung, gelang es ihm, die innere Krise einigermaßen zu überwinden.

In seinem Buch *Siddhartha* zeigt Hesse den Weg der Selbstbefreiung aus familiärer und gesellschaftlicher Fremdbestimmung und die Suche nach dem eigenen inneren Weg. Eindrücklich, wie Siddhartha, der Sohn des Brahmanen, der schon weit gekommen ist auf dem

Weg der Meditation und der Weisheit, seinen Vater davon überzeugt, dass er ihn verlassen will, um sich den Samanas, einer Gruppe von strengen Asketen, anzuschließen. Als sein Vater ihn nicht gehen lassen will, bleibt Siddhartha die ganze Nacht stumm und mit gekreuzten Armen stehen. Am nächsten Morgen lässt der Vater ihn ziehen. Zusammen mit seinem Freund Govinda geht er zu den Samanas, um dort zu lernen, wie man leer wird: „leer von Durst, leer von Wunsch, leer von Traum, leer von Freude und Leid."

Doch auch dort hält es die beiden nur wenige Jahre. Es folgt eine Begegnung mit Gautama Buddha. Govinda schließt sich ihm an, während Siddhartha dem Erhabenen in einem Gespräch seine Auffassung vorträgt, dass das Geheimnis nicht durch einen Lehrer vermittelt werden kann.

„Bei mir selbst will ich lernen, will ich Schüler sein, will ich mich kennenlernen": das Geheimnis Siddhartha.

Er setzt seine Wanderschaft fort und zieht in die Stadt, zu Kamala, der schönen Kurtisane, lebt lange mit ihr, verdient sein Geld als Kaufmann und wird damit immer erfolgreicher, verändert sich aber auch und wird immer unzufriedener, bis er nach Jahren dieses Lebens gründlich überdrüssig wird. Angewidert verlässt er die Stadt, kommt an den Fluss und möchte seinem Leben ein Ende setzen. Im Schlaf jedoch findet er wieder zum heiligen Om und erwacht zu neuem Leben. Als Gehilfe des Fährmanns Vasudeva lernt er schließlich das Geheimnis des Flusses und findet zur Einheit, zur Vollendung.

Meister Eckhart

Ein ganz anderes Buch, das für mich wichtig wurde, ist *Haben oder Sein* von Erich Fromm, in dem er die seelischen Grundlagen einer neuen Gesellschaft (so der Untertitel) darlegt. Er brachte mich auf die Spur von Meister Eckhart, dem großen Theologen, Philosophen und Mystiker (1260-1328).

Eckhart stammte aus Thüringen, trat früh in den Dominikanerorden ein, wurde Prior in Erfurt, Professor in Paris, Provinzial und Leiter der Ordensschule in Straßburg. Bereits in einem frühen Traktat, den Reden der Unterweisung, entfaltete er den für ihn so wichtigen Gedanken der Gelassenheit.

Das kräftigste Gebet ist jenes, das hervorgeht aus einem ledigen Gemüt. Was ist ein lediges Gemüt? Das ist ein lediges Gemüt, das durch nichts beirrt und an nichts gebunden ist, das sein Bestes an keine Weise gebunden hat und in nichts auf das Seine sieht, vielmehr völlig in den liebsten Willen Gottes versunken ist und sich des Seinigen entäußert hat.

Dies entspricht auch heutigen Meditationsanleitungen: Still werden, leer werden, nichts wollen, nichts denken, alles loslassen. Später sagt er es noch radikaler. In seiner Predigt 32 über die erste Seligpreisung „Selig sind die Armen im Geist, denn ihrer ist das Himmelreich" (Mt. 5,3) schreibt er: „Das ist ein armer Mensch, der nichts will und nichts weiß und nichts hat."

Auf diese Predigt beruft sich Erich Fromm in seinem Kapitel über Eckhart. Sie ist eine radikale Absage an die Mentalität des Habens, des Besitzens, auch des Festhaltens an Wahrheiten. Es gilt, den Willen und alles Wissen loszulassen, auch alle Gottesvorstellungen. Und er formuliert immer kühner:

So denn sagen wir, dass der Mensch so arm dastehen müsse, dass er keine Stätte sei noch habe, darin Gott wirken könne [...]
Darum bitte ich Gott, dass er mich Gottes quitt mache; denn mein wesentliches Sein ist oberhalb von Gott, sofern wir Gott als Beginn der Kreaturen fassen [...] Wäre aber ich nicht, so wäre auch „Gott" nicht: Dass Gott „Gott" ist, dafür bin ich die Ursache; wäre ich nicht, so wäre Gott nicht „Gott".

„Darum bitte ich Gott, dass er mich Gottes quitt mache": Damit setzt er sich über alle Dogmen und überlieferten Gottesvorstellungen hinweg. Eine Nähe zum Zen ist offensichtlich. Eckhart ist ohne Kompromisse seinen eigenen Weg gegangen, und es wundert nicht, dass er der Ketzerei angeklagt und zum Papst nach Avignon zitiert wird. Er verstirbt noch vor dem Ende seines Prozesses.

Kontemplative Exerzitien

Zurück zu meiner eigenen Spurensuche. Ein wichtiger Ort in meinem Leben wurde die Kommunität Grandchamp bei Neuchâtel/Schweiz. „Zufällig" war ich dorthin gekommen. An diesem Ort kamen einige Lichtpunkte zusammen, die schon vorher bei mir aufgeleuchtet waren: die Liebe zu Klöstern, erste Meditationserfahrungen, die Gesänge, Gebete und die Regel von Taizé, nach der die Schwestern leben. Ich blieb dort hängen und trat 1997 in den „Tiers-Ordre de l'Unité", den „Dritt-Orden der Einheit" ein.

In Gelterkinden im Kanton Baselland haben die Schwestern von Grandchamp ein deutschsprachiges Einkehrhaus: den Sonnenhof, Haus der Stille. Dort fand ich eine weitere wichtige Spur: Karin Seethaler, Exerzitienleiterin aus Regensburg, bietet dort seit Jahren „Kontemplative Exerzitien" an. Dies ist eine schrittweise Hinführung zur Meditation mit dem Herzensgebet, wie sie Pater Franz Jalics SJ entwickelt und gelehrt hat: neun Tage im Schweigen mit vielen Stunden Meditation, mit Vorträgen, kurzen Rückmeldungsrunden und persönlicher Begleitung.

Bei den „Kontemplativen Exerzitien" heißt es, stille zu werden, zu sitzen, die Aufmerksamkeit auf den Atem, die Hände und den Namen Jesu zu richten und schlicht in der Wahrnehmung zu sein, dabei alle Bilder und Vorstellungen loszulassen. In der Stille begegnen wir unseren Gedanken und Emotionen, unserem Schatten. Es heißt dann, diese Gedanken und Emotionen zwar wahrzunehmen, sich aber gleich wieder dem Atem und dem Namen Jesu zuzuwenden, einfach jetzt in der Gegenwart zu sein, eine lauschende Haltung einzunehmen und wahrzunehmen, was ist ... und so in der Stille den eigenen Weg in die Mitte zu gehen. Über den Zusammenhang von Selbst- und Gotteserfahrung schreibt Karin Seethaler in ihrem Buch *Die Kraft der Kontemplation*:

> Die Sehnsucht nach Gott kann nur gestillt werden, wenn der Mensch bereit ist, sich selbst zu begegnen. Die großen Meister aller spirituellen Traditionen wissen um den Zusammenhang von Selbst- und Gotteserfahrung. Es sind zwei Seiten einer Medaille, die untrennbar zueinander gehören und einander vertiefen. Im Mönchtum wird der Weg zu Gott seit jeher über die Selbstbegegnung gewie-

sen. Stille Zeiten sind hierbei eine große Hilfe. Bereits im 4. Jahrhundert bringt der Wüstenvater Evagrius Ponticus dies kurz und bündig auf den Punkt. „Willst du Gott erkennen, lerne vorher dich selber kennen." Jede wahre Selbstbegegnung ist somit auch ein weiterer Schritt auf dem Weg zu Gott.

Nikolaus von Flüe

Und schließlich eine weitere Lichtspur in meinem Leben: Immer wieder begegnete ich dem Heiligen Nikolaus von Flüe. So war ich dankbar, dass ich im Rahmen eines Kurses „Begleitung geistlicher Übungen" mit Franz-Xaver Jans-Scheidegger die letzten beiden Kurswochen in Flüeli-Ranft sein konnte, um dem Heiligen nahe zu sein. (Flüeli-Ranft ist ein Schweizer Dorf in der Gemeinde Sachseln im Kanton Obwalden. Der Ort war die Heimat und Wirkungsstätte des Schweizer Nationalheiligen Niklaus von Flüe, der als Bruder Klaus bekannt ist, und ist daher ein Wallfahrtsort.) Sein Leben kann ein Beispiel sein für den besonderen Weg eines großen Mystikers, den er auch gegen seinen Willen gehen musste. Darüber findet sich im Jung-Journal Heft 37 ein vorzüglicher Beitrag von Horst Obleser: Nikolaus von Flüe, Visionen auf dem Individuationsweg. Ich möchte hier nochmals kurz seine Biografie zusammenfassen:

Niklaus von Flüe wird am 21. März 1417 in Flüeli im Kanton Obwalden geboren, und dort verbringt er auch sein ganzes Leben. Seine Eltern sind bodenständige Bauersleute und politisch angesehen. Niklaus arbeitet zunächst auf dem Anwesen des Vaters, baut sich dann ein eigenes Wohnhaus, etwa 200 m vom Elternhaus entfernt. Im Alter von 30 Jahren heiratet er Dorothea Wyss aus dem benachbarten Sarnen; sie bekommen fünf Söhne und fünf Töchter. Nikolaus betreibt seine Landwirtschaft und bekleidet verschiedene öffentliche Ämter, obwohl er keine Schulbildung hat. Er wirkt als Richter und Ratsherr. Zugleich wird sein Leben immer wieder von Visionen geprägt.

Und dann kommt die Krise: Es ist ihm fortan unmöglich, seine erfolgreiche bürgerliche Existenz fortzusetzen. 1487 verlässt der nun 50-jährige Haus und Familie, nach zähem Ringen und im Einvernehmen mit seiner Frau. Sein jüngster Sohn ist da gerade drei Monate alt; der älteste ist volljährig und kann die Landwirtschaft über-

Meditationsrad, Kirche Sachseln.

nehmen. Er plant zunächst, als Einsiedler ins Elsass zu gehen. In Liestal erleidet er eine Vision, die ihn tief erschüttert und verstört. Auf Anraten eines ortsansässigen Bauern kehrt er nach Flüeli zurück und beginnt ein Leben als Einsiedler im Ranft, einer Schlucht unmittelbar unterhalb seines Hauses. Seine Mitbürger bauen ihm dort eine Kapelle und eine Einsiedlerzelle, und dort verbringt er die letzten zwanzig Jahre seines Lebens in strengem Fasten.

Schlicht ist sein „Buch", das bekannte Meditationsrad mit den sechs Speichen. Und schlicht ist sein Gebet:

> Mein Gott, nimm alles von mir,
> was mich hindert zu dir.
> Mein Gott, gib alles mir,
> was mich fördert zu dir.
> Mein Gott, nimm mich mir
> und gib mich ganz zu eigen dir.

Viele Leute aus dem Volk kommen zu ihm in den Ranft und suchen bei ihm Rat, auch seine Familie. Sein Ruf als großer Faster und Mystiker wächst aber auch weit über die Landesgrenzen der Eidgenossenschaft hinaus. Theologen, Fürsten, Mönche finden sich im Ranft ein, um von Bruder Klaus, wie er sich nun nennt, Weisung zu erhalten. Durch eine Botschaft an die Tagsatzung in Stans kann er sein Land sogar vor einem Bürgerkrieg bewahren. Es erweist sich als großer Segen, dass er diesen Weg in den Ranft gegangen ist. Bruder Klaus stirbt an seinem siebzigsten Geburtstag.

Schluss

Stille, Einsamkeit, Selbsterfahrung, Begegnung mit Emotionen und dem Schatten gehören zu jedem kontemplativen Weg. Und: Wer meditiert, kann nicht alles mitmachen. Drei große Gestalten habe ich vorgestellt, die ihren inneren Weg in großer Einsamkeit verfolgt haben.

Hesses literarische Figur Siddhartha lernt als Jugendlicher bei den Bramahnen und den Samanas, geht dann seinen eigenen Weg in die Welt, wird schließlich Fährmann und findet beim Betrachten des Flusses zum Geheimnis, zur Einheit.

Dann Meister Eckhart, der Dominikaner und große Gelehrte, der sich über die Lehren seiner Kirche hinwegsetzt und kühne Schriften und Predigten über das Gebet aus ledigem Gemüt, über die geistliche Armut und über die Gottesgeburt in der Seele verfasst.

Und der Schweizer Nikolaus von Flüe, der vom angesehenen Bürger zum Einsiedler wird, seine letzten zwanzig Jahre im strengen Fasten, im Gebet und in der Kontemplation verbringt und so seine Bestimmung findet. In allen Religionen findet sich der Weg der Stille, der Betrachtung, der Weg in die Mitte, und je mehr sich die Meditationen dem Wesentlichen nähern, desto näher kommen sich die Religionen. Alle sind ja auf der Suche nach dem Göttlichen, nach dem Geheimnis des Lebens.

Literatur

Meister Eckhart. Deutsche Predigten und Traktate. München: Diogenes.

Obleser, H. (2017). Nikolaus von Flüe. in: Jung-Journal Heft 37.

Seethaler, K. (2013). Die Kraft der Kontemplation. Würzburg: Echter Verlag.

Mai Dürr
Studium Anglistik und Romanistik, Studienrätin; Terziarin der Kommunität Grandchamp, Begleiterin geistlicher Übungen.

Der Individuationsprozess im Spiegel der Chakren

Klaus-Uwe Adam

In letzter Zeit wird das aus Indien stammende Konzept der Chakren immer stärker in den westlichen Ländern wahrgenommen und auch in Übungen umgesetzt. Heute wissen viele Menschen, dass z. B. das Wurzelchakra damit zu tun hat, ob wir in unserem Leben verwurzelt und in unserem Körper gut verankert sind.

Es ist dagegen wenig bekannt, dass sich auch C. G. Jung intensiv mit dem Chakrensystem beschäftigt und es in eine Beziehung zum Individuationsprozess gesetzt hat, wobei seine wichtigsten Interpretationen dazu in den als *Die Psychologie des Kundalini-Yoga* herausgegebenen Seminaraufzeichnungen von 1932 und in denen von 1930-34 mit dem Titel *Visions* (zwei Bände) zu finden sind. Letztere Veröffentlichung gibt es bisher nur in Englisch

Ich finde es spannend, sich mit diesem Konzept auseinanderzusetzen, dessen Praxisrelevanz für die Psychotherapie noch kaum ausgelotet ist. In diesem Artikel verbinde ich das jung'sche Modell mit der Chakrenlehre von Ursa Paul.

Nach indischer Vorstellung schläft die Kundalini-Energie, ein Ausdruck der Lebenskraft, als Schlange zusammengerollt im ersten, untersten Chakra, dem Wurzelchakra oder der Wurzelstütze, und sie kann durch unseren Bewusstseinsprozess von Chakra zu Chakra aufsteigen und diese feinstofflichen Energiezentren beleben.

Der volle Aufstieg der Kundalini bis zum siebten Chakra im Scheitel entspricht dabei der vollen Verwirklichung, der Erleuchtung.

Diese Stadien lassen sich mit den Etappen des Individuationsweges vergleichen. Oder in anderen Worten: Der Individuationsprozess spiegelt sich in der zunehmenden Anregung oder „Frequenzerhöhung" der Chakren. Jeder Mensch befindet sich gerade auf irgendeinem Abschnitt dieses Chakren- und Individuationsweges und hat im Laufe der Zeit mal mehr mit den psychologischen Qualitäten des einen und mal mehr mit denen eines anderen Chakras zu tun.

Dabei gibt es keine strenge Reihenfolge, d. h. man arbeitet sich in der Regel nicht systematisch die „Chakrenleiter" hoch, sondern nutzt den „Chakrenfahrstuhl" — ein häufiges Traumsymbol für die verschiedenen Ebenen —, indem man z. B. auf der vierten Etage Halt macht, dann wieder auf der zweiten zu tun hat. Man wechselt also hin und her. Über lange Zeiträume und mit einem summierenden Blick gesehen, lässt sich allerdings doch die Aussage machen, dass wir die Chakren entlang aufsteigen und welche Ebene wir mehr oder weniger dauerhaft erobert und mit Leben erfüllt haben.

Individuation im engeren Sinne setzt ja ein gefestigtes Ich voraus und findet in der Regel in der zweiten Lebenshälfte statt, wo sich das Ich in Sehnsucht mehr dem kollektiven Unbewussten zuwendet, sich mit einzelnen Archetypen verbindet und sich dem Selbst anzunähern versucht. Diesen Abschnitt können wir Selbstwerdung nennen.

In einem umfassenden Sinne gehört aber auch der Weg der „Ichwerdung" zum Individuationsprozess. Wir werden im Folgenden sehen, dass die Entfaltung der ersten drei Chakren der Ichwerdung entspricht, wo mit einem stabilen Ich die Grundlage geschaffen wird, dass wir uns der Individuation im engeren Sinne anvertrauen können, also uns auf den Weg der Selbstwerdung begeben.

Was sind die Chakren? Es sind nach Paul feinstoffliche Organe, die Energie aufnehmen und weiterleiten und sogar Wahrnehmungsfähigkeit besitzen. Sie schließen interessanterweise an vegetative Nervengeflechte an, die an der entsprechenden Lokalisation zu finden sind. Am bekanntesten ist der Solarplexus, zu dem das dritte Chakra (Magenchakra) gehört. Aber auch auf der Ebene des Sakralchakras, des Herzchakras, des Halschakras usw. finden wir anatomisch solche Plexus, die die dortigen Organe innervieren.

Nicht zu trennen von den Chakren ist die Vorstellung der Aura, einem feinstofflichen Energiefeld, das uns eiförmig umgeben soll und verschiedene Schichten hat. Diese Aurakörper, die ineinander geschachtelt sind, entsprechen den Chakren. Sie beginnen mit dem körpernahen Aurafeld, das mit dem Wurzelchakra korrespondiert und reichen über weitere Schichten bis zum siebten Aurakörper, der mit dem Scheitel- oder Kronenchakra zusammenhängt. Auf die Auraebenen kann ich in diesem Artikel aber nicht näher eingehen.

Muladhara, das Wurzelchakra

Wir starten unseren Weg durch die Chakren beim Wurzelchakra, das sich in der Verlängerung des Steißbeins nach unten öffnet und zu dem im Sinne der Chakrenlehre die Qualitäten Erdung, Realitätsverankerung, Zugehörigkeit, Heimat, Ordnung und Sicherheit unseres Lebens gehören. Es sorgt für eine stabile Gesundheit, Standfestigkeit, mit beiden Beinen gegründet auf dem Boden zu stehen und im Hier und Jetzt zu sein. Nach Jung symbolisiert dieses Chakra unser nahezu unbewusstes, selbstverständliches Sein in unserer Umgebung und Welt, wo wir fast automatisch funktionieren und unseren Impulsen und Instinkten hilflos ausgeliefert sind. Hier schlafen die Götter und das Selbst noch.

Das Wurzelchakra ist die Basis. Eine gute Fundierung in unserem Leben, eine erfolgreiche Bewältigung des Alltags und des Berufs, das Anerkennen der Wirklichkeit und unseres Körpers sowie ein sicheres Im-Körper-Sein sind die Voraussetzung für den Start der aufsteigenden Kundalini-Energie und den weiteren Weg durch die anderen Chakren bzw. dem Weitergehen auf dem Individuationsweg.

Hier am ersten Chakra ist in der Psychotherapie bei vielen Menschen die Hauptarbeit zu leisten (an zweiter Stelle wichtig sind die Chakren zwei und drei). Wie viele Patientinnen und Patienten sind nicht gut im Körper verankert, sondern meiden diesen oder wehren ihn und seine Bedürfnisse ab! Viele befinden sich geradezu außerhalb ihres Körpers.

Als Beispiel zum Verständnis des ersten Chakras möchte ich von einem 61-jährigen Mann mit einer bipolaren Störung berichten, der ab und zu hypomanische Tage hatte, in denen er sich vom Boden der Realität deutlich entfernte. Dies geht immer mit einer Schwächung des ersten Chakras einher oder umgekehrt kann eine Schwächung des ersten Chakras zu einem solchen Abheben führen. Nach längerer therapeutischer Arbeit gab es schließlich einen Traum, der eine momentan stabile Verfassung des Wurzelchakras zeigte:

> Ein Elefant steht auf einem Berg, ich bin daneben auf einer Erhöhung und lasse mich von da auf den Elefanten plumpsen. Er geht dann zügig den Berg hinab. Ich habe manchmal Angst herunterzufallen, doch es geht gut. Unten kniet er sich hin, sodass ich in Ruhe absteigen kann.

Der Mann ist von seiner Überhöhung und Selbstüberschätzung gut heruntergekommen und hat dabei die Hilfe des stärksten Reittiers zur Verfügung, das es auf der Welt gibt. Deshalb ist in mythologischen Abbildungen dem ersten Chakra oft der Elefant zugeordnet, weil er so tragend ist und unverrückbar dasteht. Die Symbolik des Traums bestätigt den klinischen Eindruck, dass der Patient wieder gut unten auf dem „Boden" angekommen ist.

Svadhisthana, das Sakralchakra

Die nächste Aufgabe, der wir uns auf dem Individuationsweg im Rahmen der Ichwerdung stellen müssen, ist der Umgang mit unseren Gefühlen. Hierzu gehört das zweite Chakra, das Sakralchakra, auf der Höhe der Blase, etwa in der Mitte zwischen Schambein und Nabel gelegen.

Jung sieht es so, dass wir nun dem Unbewussten begegnen — hier sind ja all die verdrängten oder noch nicht gelebten Gefühle zu Hause — und uns mit allem Unerledigten und den unbewussten Inhalten der Komplexe beschäftigen müssen.

Das zweite Chakra steht nach der Chakrenlehre für Lebendigkeit, Gefühlsausdruck, Spontaneität, Kreativität, Sinnlichkeit und Sexualität.

Das heißt, wir haben bei der Aufgabe, das zweite Chakra zu durchwandern und es zu beleben, diese Bereiche zu integrieren. Vielfach sind ja Lebendigkeit und Gefühlshaftigkeit bei uns durch unsere Sozialisation gebremst, und dann steht es an, diese Eigenschaften zu beleben und ihnen mehr Ausdruck zu verleihen. Auch hierbei helfen uns die Träume, indem sie uns darauf hinweisen, wenn wir unsere Gefühle nicht leben, sondern verdrängen.

Es können dann nämlich z. B. Bilder von Überschwemmung oder Wassereinbruch im Haus auftauchen, die anzeigen, dass der innere Pegel und der Druck gestiegen sind, wir aber bisher keinen adäquaten Ausdruck dafür und keine Kanalisierung über die Fühlfunktion gefunden haben, sodass der Traum uns mit der Symbolik des einbrechenden Wassers aufrütteln muss. Ähnlich ist es bei sexuellen Störungen, die in den Funktionsbereich dieses Chakras gehören.

Manipura, Magen- oder Solarplexuschakra

Gehen wir eine Stufe weiter auf dem Chakren- und Individuationsweg, gelangen wir zum Magenchakra, das etwa in der Mitte zwischen Nabel und unterem Ende des Brustbeins liegt und mit dem Element Feuer verbunden ist. Nach der Bekanntschaft mit dem Unbewussten ist die Büchse der Pandora geöffnet und laut Jung sind nunmehr alle Leidenschaften, Begierden und Affekte entfesselt. So ist auch das dritte Chakra (Manipura) u.a. ein Ort der Gefühle, allerdings hier mehr der Wut- und Aggressionsgefühle, die hier hochkochen können.

Es steht im Sinne der Chakrenlehre für die Qualitäten Ichwille, Durchsetzungsfähigkeit, Abgrenzungsfähigkeit, Autonomie, Balancierung, Mut usw. Dazu gehören eben auch Aggression und Kampfbereitschaft, die in ihrer gewandelten Form zu Konflikt- und Kompromissfähigkeit und Kooperation werden.

Menschheitsgeschichtlich stehen wir am Übergang vom Magen- zum Herzchakra. Die meisten Menschen — so Jung vor achtzig bis neunzig Jahren, und bis heute hat sich da nicht so viel geändert — sind noch mit Manipura (dem Magenchakra) identisch, wo man sich mit seinen Begierden identifiziert. Er hat aber auch gesagt, dass unsere Zivilisation eigentlich die Stufe von Anahata (Herzchakra) erreicht hat, denn wir verlegen den Sitz der Seele nicht mehr in das Zwerchfell, wie die Griechen es taten, doch umgesetzt haben wir diese neue Stufe noch lange nicht.

Die momentane weltpolitische Entwicklung zeigt auch ein Zurückgehen zu Nationalegoismen und Abgrenzungen. Das heißt, nach anfänglicher Progression zur Herzebene weltweit durch verschiedene Persönlichkeiten wie Gorbatschow, Mandela, Obama und Merkel — noch viele andere müssten genannt werden — macht die kollektive Bewusstseinsentwicklung gerade einen Rückschritt zu einer tieferliegenden Chakrenstufe, was zwar nicht von Dauer sein wird,

Das indische Chakrensystem
Grafik: Reamolko. Shutterstock: 1430190272

aber heute viele Menschen erschreckt und verunsichert.

Nach Jung ist das Zwerchfell eine nicht zu unterschätzende Grenze, die nur schwierig dauerhaft zu überwinden ist. Das Zwerchfell entspreche der Erdoberfläche, im Herzen sei man dann über der Erde. Darunter sei man in den Eingeweiden und funktioniere reflexhaft, aber hier sei auch der Schatz der befreiten emotionalen Energie.

Anahata, das Herzchakra

In Manipura finde eine ausgesprochene Wandlung statt. Danach komme man zum Herz- und Luftzentrum (Herz und Lungen; Anahata ist dem Element Luft zugeordnet und liegt in der Mitte des Brustbeins). Geist — so Jung — hatte man sich ursprünglich als Atem vorgestellt, und so haben auch die meisten Sprachen die gleiche Wurzel von Wind und Geist.

Was ist auf der Stufe des Herzchakras anders? Hier haben wir es mit Qualitäten wie Mitgefühl, Liebe, Achtsamkeit, echter Beziehungsfähigkeit, Toleranz, Güte usw. zu tun. Das rein Persönliche, Ich und Ego, werden überstiegen und die Ausrichtung zum Selbst hin beginnt, während auf der Ebene des Magenchakras noch die ichbezogenen Affekte dominierten.

Hier im vierten Chakra ist die egozentrische Ebene überwunden und auf der Menschheitsebene wird erstmals ein globales Bewusstsein möglich. Nach Jung erblicken wir in Anahata das erste Mal den Purusha, das göttliche Selbst. In den Chakrendarstellungen ist hier oft eine kleine Flamme, das keimhafte Erscheinen des Selbst, abgebildet.

Es ist Jungs Verdienst, deutlich gemacht zu haben, dass wir auf der Stufe von Anahata das erste Mal zwischen uns als bewussten Menschen und unseren Gefühlen unterscheiden können.

Auf der Ebene des zweiten und dritten Chakras haben uns die Gefühle noch überwältigt und konnten ohne Ichbewusstsein über uns hinwegrauschen, auf der Ebene des vierten Chakras haben wir ein Bewusstsein, dass wir diese Gefühle haben und nicht die Gefühle uns haben.

Vishuddha, Hals- oder Kehlchakra
Dem Hals- oder Kehlchakra auf der Höhe des Kehlkopfes werden Qualitäten wie Aufrichtigkeit, Wahrhaftigkeit, Authentizität, Kommunikation und Selbstausdruck zugeordnet.

Von den Elementen her gesehen gelangen wir nach Jung von der groben Materie immer mehr zu dünnflüssiger, flüchtiger, „ätherischer Materie", angefangen von der Erde des Muladhara (erstes Chakra) über das Wasser des Sakralchakras, das Feuer des Magenchakras und dem Luftelement im Herzchakra. Im Halschakra können wir das alte feinstoffliche Element Äther verorten. Man gelangt über die empirische Welt hinaus durch Wandlungsprozesse in die Sphäre der Abstraktion und des Geistig-Psychischen. Hier ist die seelisch-geistige Realität die einzige Wirklichkeit und hierhin gehört die Erkenntnis des psychischen Seins als das grundlegende Wesen der Welt.

Ajna, Stirnchakra
Ein weiterer mächtiger Entwicklungsschritt ist, durch die Enge des Halses zum Stirnchakra oder „Dritten Auge" vorzustoßen, was uns allen Menschen immer wieder kurz in Form vom Bildeingebungen, Ideen, Imaginationen, Visionen und Träumen gelingt, was aber nicht heißt, im Vollbesitz dieser Stufe zu sein. Die Integration dieser Stufe würde heißen, wirklich und verlässlich seiner Intuition zu folgen und eine klare Vision für sein Leben zu haben. Nach Jung ist dieses Ajna-Zentrum die Stufe, über die wir gerade noch Aussagen machen können, was im Scheitelchakra, im Chakra des tausendblättrigen Lotos,

ganz aufhöre. Hier im „Dritten Auge" wüssten wir, dass wir nichts als Psyche sind; das Ich verschwinde vollständig. Hier gibt es noch die Erfahrung des Selbst, im Sahasrara (Scheitel- oder Kronenchakra) dagegen gibt es keine Trennung mehr zwischen einem wahrnehmenden Subjekt und dem erfahrenen Objekt. Es gibt dann kein Gegenüber, keine zwei mehr.

Sahasrara, das Kronen- oder Scheitelchakra
Im siebten Chakra herrscht nach der Chakrenlehre der schöpferische Geist, hier ist Glaube, Eins-Sein und Heil-Sein. Es ist das Erleuchtungsbewusstsein, das der siebten Auraschicht entspricht, die uns um etwa Armeslänge umgibt und die meist als golden wahrgenommen und dargestellt wird. Wenn auch das Sein im siebten Chakra nicht in Worten vermittelbar ist, so gibt es doch Erscheinungen und Zeichen, die auf diese Stufe indirekt verweisen.

Als Beispiel bringe ich einen Traum, der über eine Supervision zu mir gekommen ist. Er schildert, wie sich ein momentan aktiviertes Scheitelchakra ausdrücken kann. Er ist von einer 38-jährigen Frau, bisher ohne besonderes spirituelles Bewusstsein, die in einem Call-Center arbeitet und sich beruflich und in ihrem Leben in einer Sinnkrise befindet. Da hatte sie –wie als Botschaft vom eigenen Selbst gesandt –folgenden außergewöhnlichen Traum:

> Auf einem Fest hatte ich das Gefühl, nur aus goldenem Licht und Schimmer zu bestehen und als würde ich mich in einer Wolke aus Goldstaub und Freude bewegen. Ich war von einer positiven Kraft erfüllt, die auch unbedingt aus mir herauswollte, ich verspürte den Drang, andere zu berühren und anzustecken mit dieser Energie und wusste, dass das diesen helfen würde.
> Einem Freund, der nach einem Unfall einen steifen Nacken hat, wollte ich unbedingt die Hände auf die entsprechende Stelle legen und danach konnte er sich tatsächlich besser bewegen. Ich tat das noch bei einigen anderen und immer mehr kamen zusammen und umringten mich, um daran teilzuhaben. Die Energie, die ich spürte, hatte was Heiteres und allen war klar, was gerade

> *O meine Göttin, du lebst verborgen mit deinem Gemahl im tausendblättrigen Lotus,*
> *der durch die feinen Bahnen brechend erreicht wird,*
> *durch die Kraft der Erde im Muladhara, durch die Kraft des Wassers im Manipura,*
> *durch die Kraft des Feuers im Svadhisthana, durch das Feuer der Luft im Herzen*
> *und durch die Kraft des Äthers zwischen den Augenlidern.*
>
> Shankara, 788 – 820, religiöser Lehrer und Philosoph des Hinduismus

passiert, ich musste nichts erklären. Die goldene Wolke schien sich immer mehr auszubreiten, und ich bewegte mich immer schneller, bis ich die Leute gar nicht mehr berühren musste, sondern an sie dachte und das schon Linderung brachte. Ich konnte ahnen, wer in der Zukunft in Gefahr war und sagte einer Freundin, sie solle, wenn ihr Kind in einem bestimmten Alter ist, nicht ins Ausland in den Urlaub fahren. Ich dachte: Denk an dich selber, bevor es abebbt, und im Geiste legte ich meine Hände um mein Herz und spürte einen unbeschreiblichen Frieden. Und dann war es auch kurze Zeit später verebbt, und im Traum öffnete ich die Augen und sagte zu den anderen: „Es ist vorbei, es ist wieder weg." Diese hatten es aber selber schon gespürt. Keiner war traurig, sondern froh, es miterlebt zu haben.

Es ist beeindruckend und sehr berührend, dass jedem Menschen, egal wo er bewusstseinsmäßig steht, wenn nur eine Offenheit da ist, die Gnade widerfahren kann, einen solchen erleuchteten Traum zu haben. Unvermittelt befindet sich die Träumerin im Sein des siebten Chakras, im ganzheitlichen Bewusstsein, wo die Qualitäten Glauben, Einheitsbewusstsein, Heilung, Ganzheit und Gott/Göttin zu Hause sind, obwohl sie so gut wie nichts von Auren und Chakren wusste. Sie ist im Zustand hoher Energie und Frequenz, ausgedrückt u.a. durch die Freude, ist auf einmal heilend tätig, hat das Bedürfnis, diese Fähigkeiten auch anzuwenden, und sie hat plötzlich ein erweitertes Wissen. Dies sind alles Attribute des siebten Aurakörpers bzw. des Kronenchakras, die hier schon einmal erlebt und erfahren werden dürfen, vielleicht als Aufruf und Wegweiser, der weit in die Ferne und Zukunft weist und als ein lohnendes Ziel hier schon einmal aufscheint. Ein beglückendes Erlebnis, das einen Menschen

Jahrzehnte leiten kann und vielleicht zu einer umfassenden Neuorientierung im Leben dieser Frau führen wird.

Hier endet unsere Chakrenreise und der Blick auf die damit in Beziehung stehenden Individuationsstufen. Ich finde, die Chakren sind eine wunderbare Betrachtungsweise unseres Bewusstseinsweges, der die bekannten Stufungen der Auseinandersetzung mit Schatten und Anima/Animus hin zum gegensatzvereinigenden Selbst illustriert und ergänzt.

Literatur

Adam, K.-U. (2000/2006). Therapeutisches Arbeiten mit Träumen. Berlin, Heidelberg, New York: Springer.

Jung, C. G. (1998). Die Psychologie des Kundalini-Yoga. Düsseldorf: Walter.

Paul, Ursa. Chakrenlehre, unveröffentlichte Mitschnitte.

Klaus-Uwe Adam
Dr. med., 1949, Psychoanalytiker (C. G. Jung). lebt und arbeitet heute in Kassel im gemeinnützigen MVZ Heilhaus. Zahlreiche Publikationen, zuletzt: *Die Psyche der Deutschen*, Neuauflage 2018, Stuttgart: opus magnum.

Stufen der Individuation (4)

Was könnte das Ergebnis sein?*

- „Anfängergeist": Staunen und offen sein wie ein Kind
- Weisheit und zugleich wissen: „Ich weiß, dass ich nicht weiß"
- Dankbarkeit, Anerkennung und Wertschätzung
- Mitgefühl, Freundlichkeit und Güte
- Einfachheit, Gelassenheit, Selbstvergessenheit, innerer Frieden
- Liebevolle Verbundenheit mit der Erde, dem Leben, den Tieren, den Menschen
- Kreativität, Freude und Humor
- Leiden vermindern und die Evolution fördern wollen

Wenn man sagt, ich sei weise oder ein „Wissender", so kann ich das nicht akzeptieren. Es hat einmal Einer einen Hut voll Wasser aus einem Strom geschöpft. Was bedeutet das schon? Ich bin nicht dieser Strom. Ich bin an dem Strom, aber ich mache nichts. Die anderen Menschen sind an demselben Strom, aber meist finden sie, sie selber müssten es machen. Ich mache nichts.

Ich bin über mich erstaunt, enttäuscht, erfreut. Ich bin betrübt, niedergeschlagen, enthusiastisch. Ich bin das alles auch und kann die Summe nicht ziehen. Ich bin außerstande, einen definitiven Wert oder Unwert festzustellen, ich habe kein Urteil über mich und mein Leben. In nichts bin ich ganz sicher. Ich habe keine definitive Überzeugung – eigentlich von nichts. Ich weiß nur, dass ich geboren wurde und existiere, und es ist mir, als ob ich getragen würde. Ich existiere auf der Grundlage von etwas, das ich nicht kenne.

Wenn Lao Tse sagt: „Alle sind klar, nur ich allein bin trübe", so ist es das, was ich in meinem hohen Alter fühle. Lao Tse ist das Beispiel für einen Mann mit superiorer Einsicht, der Wert und Unwert gesehen und erfahren hat, und der am Ende des Lebens in sein eigenes Sein zurückkehren möchte, in den ewigen unerkennbaren Sinn. Der Archetypus des alten Menschen, der genug gesehen hat, ist ewig wahr. Auf jeder Stufe der Intelligenz erscheint dieser Typus und ist sich selber identisch, ob es ein alter Bauer sei, oder ein großer Philosoph wie Lao Tse. [...]

Und doch gibt es so viel, was mich erfüllt: die Pflanzen, die Tiere, die Wolken, Tag und Nacht und das Ewige in den Menschen. Je unsicherer ich über mich selber wurde, desto mehr wuchs ein Gefühl der Verwandtschaft mit allen Dingen.

Jaffé, A., C. G. Jung, Erinnerungen, Gedanken, Träume. 1962, Olten: Walter, S. 357 ff.

*Aus dem Buchprojekt: Müller, L., Müller A. (2019): Quintessenz. Therapeuten ziehen ihre Lebensbilanz. Stuttgart, opus magnum, Herbst 2019

„Wir heilen nur durch Liebe"

Literaturpreisträger Eugen Drewermann im Gespräch mit Ludger Verst über Hermann Hesse und die Bedeutung seelischer Bilder in Dichtung und Religion

Ludger Verst

Dr. Eugen Drewermann und Ludger Verst im Gespräch

Verst: Wir sind hier in Calw bei der Verleihung des Hermann-Hesse-Literaturpreises 2019 an Sie, Herr Dr. Drewermann. – Herzlichen Glückwunsch!

Drewermann: Danke schön!

Verst: Was ist das Besondere, das Sie mit dem Schriftsteller und Dichter Hermann Hesse verbindet?

Drewermann: Es gibt eine Vielzahl von gleichgerichteten Erfahrungen, die dazu geführt haben, mich in seinem Werk wiederzufinden, mich verstanden zu fühlen, in gewisser Weise eine Verwandtschaft zu ihm zu entdecken.

Das ist zum einen die Notwendigkeit der Individuation und der persönlich verantworteten Existenz des Einzelnen. Hermann Hesse hat das entschieden mit 15 Jahren: „Ich will Dichter werden. Ich werde nicht gehorchen.", schreibt er an seine Eltern aus der Irrenanstalt von Stetten.

1956 hat er einen Brief geschrieben an jemanden, der mit dem Roman Demian nicht zurechtkam, und zitiert etwas, was mich im Rückblick sehr betroffen hat, weil es genau meine Situation war. 1955 wurde Westdeutschland wiederbewaffnet.

Hesse schreibt: „Was machen Sie? Sie werden einberufen als Soldat. Man stellt Sie vor den Feind. Man sagt Ihnen, Sie sollen schießen. Wenn Sie das tun, steht der Pfarrer neben Ihnen, der Kommandant neben Ihnen, die bürgerliche Gesellschaft neben Ihnen. Sie machen scheinbar alles richtig, nur in Ihnen selber hören Sie die Stimme Gottes, die sagt: Du sollst nicht töten. Richten Sie sich nach der, sind Sie sehr allein – außerhalb der Kirche, außerhalb der bürgerlichen Welt. Was werden Sie tun? Wenn Sie begreifen, dass das eine entscheidende Frage ist, werden Sie meinen Demian verstehen."

Für mich war genau das die Frage. Ich wusste mit 15 Jahren, dass die Kirche Unrecht hat, wenn sie sagt, Befehlsverweigerung, Verweigerung des Wehrdienstes überhaupt ist für Katholiken unmöglich.

Verst: Hat die katholische Kirche eine solche Position vertreten?

Drewermann: Das war die Weihnachtsbotschaft von Pius XII. Ich war damals ganze 15 Jahre alt und wusste, dass ich meinem Gewissen folgend nicht tun werde, nicht denken werde, was die katholische Kirche gebietet. Ich glaubte an die Kirche, ich war darin groß geworden. Es war das erste Mal, dass eine Autorität mit 2000 Jahren Selbstaufführung in Unfehlbarkeit mir als höchst fragwürdig, als unchristlich erschien. Dann kam da noch Søren Kierkegaard hinzu. Dass der Einzelne die Kategorie ist, in der man die Propheten der Bibel, die Person Jesu und, abgeleitet davon, sich selber zu begreifen beginnt, war für mich evident. Das ist eigentlich alles, was Hermann Hesse in seinen Büchern verteidigt: den Eigensinn.

Nichts verbietet man so sehr wie den Eigensinn

Man glaubt darin Egoismus zu erkennen, wo in Wirklichkeit Wahrheitsliebe, Identitätssuche, Mut zum eigenen Leben, Unverbiegbarkeit durch öffentliche Meinung herrschen. So etwas macht aus Tieren Menschen, aus Herdenwesen Einzelne. Und das ist, was jeder auf seine Art versuchen sollte. Es gibt wenige Dinge, wo ich einem Menschen so sehr zustimme wie in diesem Punkt Hermann Hesse.

Verst: Man könnte das, was Hermann Hesse zum Beispiel mit C. G. Jung verbindet, das deutsche Pfarrhaussyndrom nennen, dass nämlich beide in einer scheinbar christlichen Umgebung groß werden, aber innerlich die Ungereimtheiten und Widersprüche spüren. Nun hat es ja zwischen Hesse und Jung nicht nur Korrespondenz, sondern ab 1917 auch persönliche Begegnungen und ab 1921 sogar eine mehrwöchige Analysesequenz bei Jung gegeben. Was ist Ihr Eindruck: Haben die beiden eine Art Seelenverwandtschaft miteinander gehabt?

Drewermann: Es gibt bei beiden das Bewusstsein der enormen Bedeutung von Bildern. Ob sie in Träumen gesucht werden oder in der Kunst, ob sie in den Seelendarstellungen des Rituals und der Symbolik religiös vermutet werden: Eine tiefe Übereinstimmung liegt darin, dass diese Bilder autonom vorliegen, eine tiefe Verflochtenheit in der menschlichen Seele generell besitzen, notwendig sind als Wegweiser auf dem Pfad der Selbstfindung und dass deshalb der Künstler und der Therapeut im Grunde eine gemeinsame Aufgabe verkörpern.

Wie ist es möglich, den Menschen in der Dichte ihrer Gefühle die Bilder zu schenken, die ihr Dasein deuten können? Das ist jenseits der Begriffe. Worunter wir leiden, nicht nur die Dichter, sondern auch die Seelsorger, auch die Psychotherapeuten, ist die Vernarrtheit in die objektivierenden Begriffe, in ein Erkenntnissystem, das zwischen Subjekt und Objekt eine Brücke des Zugriffs formuliert, in dem Erkennbares uns verfügbar wird für wirtschaftliche oder technische Planung. Ein Verhältnis zwischen Ich und Du ist gänzlich anderer Art.

Verst: Können Sie das an einem Beispiel verdeutlichen?

Drewermann: Hermann Hesse beschreibt das sehr schön und anschaulich in dem Kapitel „Der Beichtvater", wo er Josef Knecht im Glasperlenspiel als jemanden schildert, der nur zuhört. Er weiß, dass man Menschen nicht bewerten, nicht verurteilen kann; dass man ihnen Vertrauen entgegenbringen muss, eh sich ihre Seele öffnet, ihr Mund auftut, ihre Augen erschließen, was bis dahin aus Schamgefühl unsichtbar bleiben musste, was unaussprechlich war, weil in der Gesellschaft sofort das Urteil gefällt worden wäre über den Unmöglichen und Auszustoßenden.

Bilder sind oft ein Versuch, etwas mitzuteilen, das jenseits der Bewertung ist, indem man zu ahnen beginnt, welches Neue sich schon vorbereitet zur Gestaltung. Davon spricht Hermann Hesse als Künstler, C. G. Jung als Psychologe. Und Freud hatte die richtige Erkenntnis für beide, dass Menschen, denen man das Träumen verbietet, die man abschneidet von der Dichtung, in ihrer Seele krank werden müssen.

Verst: Die beiden Namen sind gerade gefallen: Freud und Jung. Wenn wir auf das schier unübersehbare tiefenpsychologische Werk schauen, das Sie inzwischen zur Welt gebracht haben: Fühlen Sie sich als Theologe eher Jung oder eher Freud verbunden?

Drewermann: Das sind zwei Arbeitsinstrumente, wenn ich Menschen, die ich hoch verehre, so bezeichnen darf in der Praxis. Freud war und ist für mich überaus wichtig, um das Falsche, das Neurotisierende und Zwanghafte, das Außengelenkte, Depersonalisierende und Unterdrückende – als Theologe würde ich sagen: das Gott Verleumdende und Widersprüchliche zur Botschaft Jesu – zu analysieren und durchzuarbeiten. Dafür braucht man Freud.

Die ganze Verlogenheit, die in der kirchlichen Moral verpackt ist, die Oberflächlichkeit, mit der Menschen gleichgeschaltet werden zum Machtgewinn, die tiefe Zerstörung der Gefühlsregungen im Inneren, die Reduktion einer Anthropologie nur auf die bewusste Ich-Spitze – mit anderen Worten: die vollkommene Ignoranz dem Unbewussten, dem Sechssiebtel in der menschlichen Seele gegenüber: das zu sehen, hat mich Freud gelehrt.

Beim Hexenausstieg in der Besenkammer der Gesellschaft

Ich habe damals nicht geglaubt, dass die Schriften Freuds möglicherweise dabei sind, zu veralten angesichts des Wandels der Zeit. Aber sicher war ich mir, dass sie ganz sicher noch da passen, wo der Hexenausstieg in der Besenkammer der Gesellschaft ist: in der katholischen Kirche. Da bin ich Freud ungeheuer dankbar für die Freiheitsleistung, die er eröffnet hat mit dem Wunsch, die Menschheit von morgen möge eine andere Form des Bewusstseins erlangen als in dieser Knechtschaft.

Verst: Und Jung?

Drewermann: Jung kritisiert, dass für Freud Symbole mehr oder minder Verschleierungen unterdrückter Triebregungen sind. Das sind sie auch; die Ebene muss man durchanalysieren. Aber das sind sie nicht nur. Sind Symbole wirklich die Sprache des Unbewussten, ist das Unbewusste unendlich viel reicher als das nur persönlich Verdrängte. Dann ist es die Anknüpfung, praktisch im Bewusstsein der gesamten Menschheit den Wegen nachzugehen, von denen die Religion in der gesamten Kulturgeschichte immer wieder in vergleichbarer Weise träumt. Dann ist das Symbolische nicht das zu Zerstörende, weil Verhüllende, sondern dann ist es das zu bestätigende Enthüllende. Die Bilder der Seele sind die Wegweiser auf dem Weg zu uns selber. Die Frage ist, in welche Psychodynamik sie eingetaucht sind.

Verst: Also braucht es im Grunde beide.

Drewermann: Sobald Angst im Spiel ist, sind alle Wegweiser in die falsche Richtung gedreht. Sobald Vertrauen eine Rolle spielt, führen sie in die richtige Richtung. Aber ob Vertrauen oder Angst, entscheidet sich in der Therapie wesentlich durch die Beziehung zum Therapeuten. Das geht bei C. G. Jung in der Automatik der Bildkaskaden, die er analysiert, fast unter.

Es gibt, um beide zusammenzuführen, einen schönen Satz, den ich dieser Tage noch gelesen habe, aus der Feder von Ernst Federn; das ist der Sohn von Paul Federn, der rechten Hand der Psychoanalytischen Bewegung in den Tagen Sigmund Freuds in Wien. Ernst Federn gilt als der Historiker der Psychoanalyse. Und er schreibt, was ich viel später vermutet hätte, dass es schon aus dem Jahr 1909 einen Brief von Freud an Carl Gustav Jung gibt, in dem er schreibt: „Wir heilen nur durch Liebe."

Verst: Im Zusammenhang mit dem Missbrauchsskandal in der katholischen Kirche sprachen Sie jüngst im Deutschlandfunk davon, dass vieles, was hier an Urteilen und Verurteilungen zu hören sei, einer „zweiwertigen Logik" folge, die die Täter nur verurteile, aber in ihnen nicht die Opfer sehe. Mich beeindruckt Ihr Mut, dies so zu sagen. Was ich nachvollziehen kann, ist, dass sich Gut und Böse nicht immer einfach und eindeutig zuordnen lassen.

Gut und Böse sind Begriffe ohne jeglichen Erklärungswert

Drewermann: Wir folgen einer bipolaren Ethik nach Gut und Böse und unterstellen die Freiheit der Entscheidung zwischen beiden Größen. Und in beiden Fällen irren wir groß. Gut und Böse sind Nomenklaturen zur Ordnung der Welt; sie sind typologische Begriffe ohne jeglichen Erklärungswert. Das ist ungefähr so, wie wenn Physiker reden würden von Heiß und Kalt. Das gibt es selbstverständlich, aber dazwischen liegt die gesamte Thermodynamik. Es gibt auch Hell und Dunkel, aber dazwischen haben wir die außerordentlichen Eigenschaften der Photonen zu analysieren; das gesamte Farbenspektrum liegt dazwischen. Und offensichtlich ist für jeden menschlich Fühlenden, für jeden Psychologen und Dichter ohnehin – aber auch, so wäre zu hoffen, eines Tages für jeden Theologen und für jeden Richter –, dass zwischen Gut und Böse sich das gesamte menschliche Leben abspielt und dass es immer falsch ist, nach diesen Bezugsgrößen ein Urteil zu fällen.

Verst: Aber ein Mensch muss sich irgendwann entscheiden.

Drewermann: Ein Mensch ist nie nur das Eine oder das Andere. Er ist, wenn er das Eine ist, meist in Abwehr des Anderen, was er wurde; die ganze Auseinandersetzung spielt eine Rolle. Am wichtigsten ist mir, dass ich – nach meiner Auffassung im Sinne Jesu, ganz sicher im Sinne des Paulus – nicht glauben kann, dass Menschen etwas Böses tun wollen, einfach weil sie böse wären. Das steht im Römerbrief: „Das Gute, das ich will, das tue ich nicht, sondern das Böse, das ich nicht will, das tue ich."

Wer befreit mich aus diesem Zwang? Da ist mit Paulus im Römerbrief die Hoffnung, dass Gnade dahin führen würde, uns als Menschen so weit herzustellen, dass wir in Identität mit uns selber wenigstens das tun könnten, was wir möchten. Von dem, was wir sollen, was von außen verordnet wird, wäre in zweiter Linie vielleicht die Rede.

Verst: Der Römerbrief präsentiert Paulus als Therapeuten. Aber es gibt nun mal auch Gesetze ...

Drewermann: Für Paulus ist das Gesetz schon deshalb falsch, weil es nur mit Angst von außen in die Seele gepresst wird. Die Frage ist: Mit was für Menschen haben wir es zu tun? Da müssten wir 2000 Jahre später oder mindestens 500 Jahre nach Martin Luther Theologie noch mal mit Freud und Jung oder mit Hesse, Dostojewski oder Kierkegaard weit tiefer interpretieren.
Das alles klingt gefährlich, weil es verunsichern muss. Konkret bezogen auf Ihre Frage kann ich nur sagen: Ich habe niemals einen Priester kennengelernt, der Priester hätte werden wollen in der Absicht, später Jungen und Mädchen unter 14 Jahren zu missbrauchen.

Das, was da passiert ist, ist eine Tragödie – das kann man blind sagen – im Widerspruch zu sich selber. Ich kenne manche, die geflohen sind in den Priesterstand, um eine aseptische, ase-xuelle Sphäre der Gefahrlosigkeit aufzusuchen, und nicht wussten, dass sie vom Regen in die Traufe kommen. Wir haben es zu tun mit Opfern einer Sexualmoral, die nicht zu halten ist in der Form, wie sie beigebracht und zur Berufsgrundlage erhoben wird.

Verst: Und jetzt? Verrät die Kirche sie ein zweites Mal?

Drewermann: Ja, das müsste die Kirche sehen; dann wäre ihr etwas eigen, das man nur wünschen könnte: Schuld ist nicht mit Strafe und Strenge zu korrigieren, einzig durch tieferes Verstehen und Durcharbeiten, durch Geduld und Begleitung. Dann hätten wir die Auffassung des Paulus: eine Erlösung durch Gnade. Dafür wäre die Kirche da. Es ist paradox, dass sie die Straftäter, die sie ja zu Tausenden gekannt hat, der Strafjustiz nur deshalb entzogen hat, um sich selber zu schützen. Es läge etwas ganz Richtiges darin: Die Strafjustiz des Staates kann nicht die letzte Antwort sein für menschliche Tragödien. Aber das müsste man von ganz anderer Seite her begründen und öffnen für jeden, der vor dem Richter in Anklage steht.

Verst: Könnte eine christliche Ethik über diesen konkreten Konflikt hinaus nicht enorm davon profitieren, wenn sie weniger auf „Vollkommenheit" und dafür mehr auf „Vollständigkeit", auf das Ganzwerden des jeweiligen Subjekts ausgerichtet wäre, also auf das, was Sie anfangs „Individuation" genannt haben?

Das gesamte Christentum re-ethisiert
Drewermann: Die Ethik kann nur kommen aus persönlicher Authentizität und Identität, dass Menschen zu sich selber finden. Das ist das Gegenteil von dem, was Søren Kierkegaard „Verzweiflung" nannte. Das war für ihn die christliche Wiedergabe des inzwischen leergeredeten Begriffs „Sünde". Kierkegaard meinte damit: Das gesamte Christentum re-ethisiert. Wir wissen überhaupt nicht mehr, welche Not wir vor uns sehen, die erlösungsbedürftig ist. Das geht nicht mit moralischen Appellen oder dem Wunsch, mich jetzt zu bessern, indem ich mich asketisch diszipliniere.

Wenn die Persönlichkeit nicht stimmt, wenn sie zerbrochen ist, braucht es ein ganz Anderes. Wer hört, dass ein Mensch verzweifelt ist, weiß

Dr. Eugen Drewermann und Ludger Verst im Gespräch

von vornherein, dass er jetzt mit Ermahnungen nicht weiterkommt. Er muss jemanden bei der Hand nehmen und aus dem Dunkeln ins Licht begleiten, und das kann lange dauern.

Verst: Individuation ist offensichtlich kein Begriff der christlichen Ethik.

Drewermann: Gar nicht. Man wirft Jesus vor, dass er immer wieder für die Schwachen, für die Außenseiter – Zöllner, Huren, Bettler – Gratiseinladungen vergibt. Das darf man nicht. Da ist ein Gesetz. Eine Ehebrecherin kann man nicht freisprechen. Darauf steht die Todesstrafe.

Dagegen setzt Jesus ein Beispiel: das des verlorenen Schafes: Ein Schaf, das sich verirrt hat, hat dies nicht freiwillig getan. Wisst ihr Pharisäer und Schriftgelehrten eigentlich, mit wem ihr's zu tun habt? Habt ihr je ein Schaf gesehen, das nur von der Herde wegläuft, weil es Lust dazu hätte? Es genügt ein kleiner Bergvorsprung, und es verliert den Sichtkontakt. Und wenige Minuten genügen, und es verliert den akustischen Kontakt. Dann ist es verloren. Wisst ihr, was Menschen sind, die verloren sind, weil sie sich verloren haben?

Und wie lange braucht es, sie zu finden, bitte schön? Und wie lange braucht man, um sie auf den Schultern zurückzutragen? Das ist das Problem. Aber ihr versteht gar nichts. Ihr versteht nicht einmal euch selber, denn ihr bräuchtet ebenfalls genau die Einsicht in die Verzweiflung, die ihr in euch tragt, indem ihr für andere Vorschriften macht, die eine Gütlichkeit im Absoluten hätten. Ihr begreift gar nichts, weder euch, noch die Not der Menschen.

Da hinein wäre die Rede C. G. Jungs zu tragen. Es geht nicht darum, im Sinne irgendwelcher Idealvorstellungen der Gesellschaft in Vollkommenheit strammzustehen. Es geht darum, sich selbst zu finden und einigermaßen vollständig, integral, zu leben, was sonst in Widersprüchen zerrissen bleibt. Kierkegaards Definition ist: „Verzweiflung ist, nicht sein zu wollen, der man ist. Oder sein zu wollen, der man nicht ist." Das hat mit Idealen, Selbstablehnung, Minderwertigkeitsgefühlen, Hass auf sich selber, verinnerlichten Zwängen und der ganzen Palette der Neurosenpsychologie zu tun.

Der Mensch braucht ein Gegenüber absoluten Vertrauens im Raum des Religiösen

Verst: Herr Drewermann, meine letzte Frage: Was ist Ihres Erachtens ein selbstverwirklichtes, ein sinnerfülltes Leben?

Drewermann: Ich verstehe darunter, dass jemand seine Schwächen kennengelernt hat, und sie zu akzeptieren vermag im Vertrauen. Dass er die Angst, die in ihm wohnt, falsch zu sein, unberechtigt zu sein, fehlbar zu sein, überwindet durch Vertrauen. Dass er die Einsamkeit, die er fürchtet, nicht flieht durch das Herdendasein des Allgemeinen, sondern ihr standhält durch Vertrauen. An jeder dieser Stelle braucht eine Person, die zu sich selber reift, ein Gegenüber absoluten Vertrauens im Raum des Religiösen. Wann wir dabei ankommen, weiß ich nicht.

Dieser Tage fragte mich ein Reporter im Rundfunk, was ich mit dem Tod mache. Da sagte ich: „Ich habe aufgehört, ihn zu fürchten. Manchmal wünsche ich ihn herbei, um endlich zu wissen, woran ich bin." Das wäre eine selbstverwirklichte Persönlichkeit.

Ob das in diesem Leben gelingt, ist mir unwahrscheinlich geworden. Aber schon die Ungewissheit darüber ist ein Vorsichtigeres an Reifung denn jemand, der da steht und sagt: „Schaut mich an! Ich bin es."

Verst: Herzlichen Dank für das Gespräch.

[1]Dieses Interview fand statt am 11. Mai 2019 im Kursaal Calw-Hirsau anlässlich der Verleihung des Hermann-Hesse-Literaturpreises 2019 an den Theologen, Psychotherapeuten und Publizisten Dr. Eugen Drewermann.

*Will der Arzt einem Menschen helfen, so muss er ihn in seinem So-sein annehmen können.
Er kann dies aber nur dann wirklich tun, wenn er zuvor sich selber in seinem So-sein angenommen hat.*

[...]

Solange er den menschlichen Kontakt, die Atmosphäre natürlichen Vertrauens fühlt, ist keine Gefahr; und sogar wenn man dem Schrecken des Wahnsinns oder dem Schatten des Todes ins Gesicht zu blicken hat, besteht doch noch jene Sphäre menschlichen Glaubens, jene Gewissheit, zu verstehen und verstanden zu werden, wie schwarz die Nacht auch sei.

C. G. Jung, GW 11, § 519

Wilde Erdbeeren – Smultronstället

Ein Film von Ingmar Bergman, 1957

Dieter Volk

Unser ganzes Leben mit unseren Mitmenschen ist doch eigentlich nur, dass wir über sie reden, bestenfalls regt man sich über sie auf. Auf dieses Miteinander-Leben habe ich gern und freiwillig verzichtet. Mein Leben ist Arbeit gewesen. Mit der Sorge um das tägliche Brot hat es angefangen. Mit der Liebe zur Wissenschaft ist es weiter gegangen … Ich sollte vielleicht noch sagen, dass ich sehr pedantisch bin … Ich heiße Eberhard Isak Borg und bin 78. Morgen werde ich in der Lunder Kirche zum ‚Doktor Jubilaris' promovieren.

Mit diesen Worten, mit ruhiger Stimme gesprochen, stellt sich Isak Borg, Professor und Doktor der Medizin, vor (herausragend der große schwedische Theater- und Stummfilmregisseur Victor Sjöström). Wir sehen den alten Mann, eine Zigarre rauchend, am Schreibtisch seines Studierzimmers sitzen, umgeben von Familienfotos – sein Sohn, auch er Arzt, und dessen Ehefrau, Borgs uralte Mutter und seine schon lang verstorbene Frau. Butzenscheiben schmücken die Fenster, die Einrichtung stilvoll kultiviert, Bücherregale an den Wänden. Der sympathische Alte scheint mit sich im Reinen zu sein – voll innerer Ruhe und Selbstsicherheit,

Ein erster Eindruck von Isak Borg – seine Worte geradezu ein Statement. Erstaunlich, dass erst nach diesem Eingangsbild Titel und Vorspann des Films erscheinen. Wilde Erdbeeren gibt den Originaltitel nur unvollkommen wieder. Der schwedische Titel ist Smultronstället, ein versteckter Ort, an dem die kleinen und seltenen Erdbeeren wachsen, ein geheimnisvoller, kostbarer Platz. Es heißt, wer sie findet, koste vom Leben.

Vielleicht möchte der Regisseur Ingmar Bergmann nach der ersten Bekanntschaft mit dem Protagonisten durch diese Unterbrechung dem Zuschauer Zeit für einen kurzen Moment des Stutzens geben. Ein Mann, tatsächlich mit sich im Reinen?

Ein lebender Toter

In der Nacht vor seiner Ehrung hat Borg einen seltsamen Albtraum, den er mit seiner Stimme aus dem Off unterstreicht. Er sieht, wie er durch einen ihm unbekannten Stadtteil von Stockholm irrt. „Ich bin allein und habe die Orientierung verloren." Verschiedene Uhren sind zu sehen, aber alle sind ohne Zeiger, was Isak verwirrt und mit Angst erfüllt. Das gleißend helle Licht, grell und unbarmherzig, sowie die harten Schwarzweiß-Kontraste des Bildes unterstreichen die Surrealität der Szene und betonen den Eindruck, dass Isak Borg sich in einem zeitlosen Nirgendwo befindet. Eine vorüberfahrende lenkerlose Pferdekutsche stößt gegen einen Laternenpfahl. Ihre Ladung, ein Sarg, gibt den Blick auf einen Toten frei. Als Isak hinschaut, erkennt er mit Schrecken sein Ebenbild. Und eine Hand dieser Person greift nach ihm. Ist sie tot oder noch am Leben? Ein lebender Toter?

Vom Traum irritiert und verstört, entschließt sich Borg spontan, am nächsten Morgen nicht wie geplant mit dem Flugzeug, sondern mit dem Auto in den Süden des Landes zu reisen und Halt bei einigen Stationen seiner Vergangenheit zu machen. Begleitet wird er von seiner Schwiegertochter Marianne (Ingrid Thulin), die nach einer Ehekrise für kurze Zeit bei ihm untergekommen ist.

Schwedisches Road Movie

Bergmanns Protagonist macht sich auf die Reise, er wählt den Weg auf der Straße. Die Straße – „La Strada" – als Metapher des Lebens gilt auch als Gegenwelt zu den Vorstellungen bürgerlichen Alltags. Man könnte den Film durchaus auch als Road Movie umschreiben, denn ähnlich den Filmen dieses Genres kommt auch hier – vor allem innerpsychisch – etwas in Bewegung. Dabei sticht weniger das Motiv der Flucht hervor als jenes des Heraustretens aus der Enge der vorgegebenen Bahnen in die Weite, nicht die Freiheit ist das Ziel, sondern eine Veränderung. Und so wird dieses Unterwegssein, angestoßen durch einen Traum, für Borg auf den letzten Metern seines Lebens zu einer Reise in seine Vergangenheit, zu den Orten seiner Kindheit und Jugend, zu seinen Hoffnungen und Enttäuschungen. Sie wird zu einer Suche des alten Mannes nach seinem Leben, nach dem, was ihm und anderen an ihm entgangen ist – eine Reise, aus der er verändert hervorgeht.

Zwar schildert Bergmann die Reise als eine Abfolge von Stationen, dabei werden jedoch die äußeren Ereignisse, die Erinnerungsbilder, die Träume und Visionen zu einer fast homogenen und kaum voneinander unterscheidbaren Fahrt in Borgs Vergangenheit.

Ein rücksichtsloser Egoist

Gleich zu Beginn der gemeinsamen Autofahrt, als das Gespräch auf Mariannes Ehe kommt, attackiert diese ihren Schwiegervater mit deutlichen Worten. Seine freundliche Höflichkeit sei nur Fassade, hinter der Gleichgültigkeit und Kälte steckten. Wie sein Sohn sei auch er ein rücksichtsloser Egoist, den die Probleme und Sorgen seiner Mitmenschen nicht berührten.

Solcherlei Vorhaltungen scheinen an Isak Borg abzuprallen, kein Zurückweisen,

keine Rechtfertigung, keine ärgerliche Reaktion. Er bleibt auch jetzt freundlich und höflich. Der Zuschauer fragt sich: Zeigt er nur vordergründiges Verständnis, ist es herablassende Distanziertheit oder tatsächlich emotionale Gleichgültigkeit?

Eine erste Rast machen die beiden bei einem verlassenen Landhaus, in dem Isak mit seiner großen Familie viele Sommer seiner Jugend verbracht hat. An dieser ersten Station der Reise beginnt Isaks Eintauchen in seine Erinnerungswelten. Von Bergmann virtuos in Szene gesetzt, indem Reales sich mit Bildern der Erinnerung, mit Tagträumen vermischt, indem Bewusstes mit Unbewusstem in Berührung kommt, wird Borg Erinnerungsarbeit möglich. Während Marianne im nahe gelegenen See schwimmen geht, legt sich Isak ins Gras, an der Erdbeerenstelle – Smultonstrället – jenem geheimnisvollen Platz, wo kostbare Früchte wachsen. Just an diesem Ort überlässt er sich seinen Träumen.

Eingestimmt durch Musik und ruhige Bilder von sanft wippenden Baumwipfeln sieht man Borg in seinen Tagtraum versinken. Eine Überblende führt vom Haus der Gegenwart zu jenem aus der Vergangenheit in eine heitere und lichtdurchflutete Szenerie. Isak sieht seine Geschwister, seine Cousinen, den Onkel, die Tante. Sie lachen, necken sich. Es herrscht ausgelassene Urlaubsstimmung. Da ist auch Sara (Bibi Anderson), seine große Jugendliebe, strahlend jung, und Isak beobachtet, wie ihr sein Bruder Sigfrid den Hof macht (und sie heiratet, wie Isak

später erzählt), obwohl sie sich doch ihm versprochen hatte.

Der Beobachter

Im Traum ist Isak als Traum-Ich nicht zu sehen. Er ist vom Geschehen ausgeschlossen, ist allenfalls, wie als Träumender, ein Beobachter, der unsichtbare Zeuge dieser längst vergangenen Szenerie. Es scheint, als habe er sich schon früh mit einer dicken Schutzmauer abgeschirmt („Borg" heißt auf deutsch „Burg"), und bis ins hohe Alter ist es ihm gelungen, mit Hilfe der Position des Beobachters alles unter Kontrolle zu halten, was das System stören oder aus dem Gleichgewicht bringen könnte: Sie ermöglichte ihm zwar seine wissenschaftliche Forschung, hat aber seine Beziehung zu seinen Mitmenschen bestimmt, vor allem hat er mit dieser Haltung seine Gefühle abgespalten.

In der Nacht aber oder in seinen Träumen, wenn die Beobachter die Burg weniger aufmerksam bewachen, nützen ungebetene Eindringlinge diese Schwachstelle, um die Burg vorübergehend zu erobern. Anfangs gelingt es Borg noch, sein bisheriges Gleichgewicht zu behalten. Als jedoch die ungebetenen und ungewohnten Störenfriede keine Ruhe mehr geben, wird sein Leidensdruck so groß, dass er beschließt, der Sache nachzugehen – als ob er um die Wichtigkeit der Irritationen, dieser Botschaften aus dem Unbewussten „wüsste".

Und dazu muss er aus seinem gewohnten System ausbrechen. Statt seiner Haushälterin Agda, mit der er seit Jahrzehnten ein in Zwängen eingespieltes Team bildet, nimmt er seine Schwiegertochter auf seine Fahrt mit. Sie wird ihm zur Begleiterin auf seinem Weg und übernimmt dabei gewissermaßen eine therapeutische Funktion. Sie ist es, die ihm die Realität eröffnet und ihm Dinge sagt, die er nicht gerne hört. Als er ihr seinen Albtraum der vergangenen Nacht erzählen will, weist sie ihn barsch zurück: „Wen interessieren schon deine Träume!" – „Seelische Qualen zählen für mich nicht, also belästige mich nicht", habe er zu ihr gesagt, als sie zu ihm kam und auf Hilfe hoffte. Damit konfrontiert sie ihn mit der unempathischen Seite seiner narzisstischen Ichbezogenheit. Und die Kamera, die das Gespräch bislang nur von der Seite aufgenommen hat, zeigt Isak zum ersten Mal von vorne, als wolle sie seine Betroffenheit deutlich vor Augen führen.

Von den schweren Vorwürfen getroffen, brechen bei Isak Emotionen durch, scheint seine Schutzmauer brüchiger zu werden. Das Geschehen an der Erdbeerstelle aus der Rückschau kommentierend, fragt sich Isak: „Wie war das möglich? Ich wurde sentimental." Wir erfahren wenig, welche Gefühle die Traumbilder in Isak wachgerufen haben. Sehnsuchtsvolle Erinnerung an die Süße vergangener Jugend? Enttäuschung und Trauer, so wenig am lebendigen Geschehen teilgenommen zu haben? Sein Kommentar am Ende dieser Szene: „Trauer überzog die Bilder mit einem Schleier."

Ein filmischer Blick nach innen

Eine andere Sara unterbricht Borgs Träume (ebenfalls gespielt von Bibi Anderson), auch sie hübsch, blond und sehr lebhaft. Sie bittet ihn, auf ihrem Weg nach Italien sie und ihre beiden Begleiter Anders (Folke Sundquist), der Pfarrer werden will, und den Medizinstudenten Viktor (Börn Bjelfvenstern) mitzunehmen.

Das äußere Geschehen mutet nun an wie ein filmischer Blick nach innen. Es wird deutlich, wie stark die Figuren und Fantasien der Gegenwart mit der Vergangenheit verwoben sind. Traumhaftes und Realität fließen zusammen und spiegeln sich. Beide sind nicht mehr voneinander zu trennen.

Die Dreiecksbeziehung zwischen den jungen Trampern erinnert Isak daran, wie er seine Sara damals an seinen Bruder verlor. Zugleich stehen die aktuelle Sara und ihre Begleiter für die Jugend, die Streitbarkeit, die Freundschaft und die Lebendigkeit, für den Anfang einer Beziehung, in der noch alles möglich ist und die nur so vor Lebensfreude sprüht. Sie stehen für die erwachten Sehnsüchte des alten Mannes, der auf Versäumtes trauernd zurückblickt.

Mit Sara in ihrer überschäumenden Vitalität tritt eine Animafigur ins Geschehen, die der Belebung Isaks dient, die beim Aufbrechen der „Burg" hilfreich ist, ihm auch hilft, zu den tieferen Schichten seines verloren gegangenen Selbst zu finden.

Die überraschenden Mitreisenden, die wie Geister seines Lebens wirken, konfrontieren ihn mit den Schatten seines Lebens und leiten einen Prozess der Veränderung ein. Unschwer zu erkennen, dass die beiden jungen Männer, die permanent debattieren, als innere verdrängte Anteile des Alten verstanden werden können.

Anders, der Theologiestudent, und Viktor, der zynische Realist, streiten heftigst um die Richtigkeit von Glauben und Wissen.

Im Laufe seines Lebens scheint Borg, ganz Wissenschaftler, die Auseinandersetzung mit existenziellen Grundproblemen vermieden zu haben. Jetzt freut er sich am heftigen Widerstreit der jungen Männer, einem Ringen, das bei ihm auf der Strecke geblieben ist. Zunehmend genießt Isak die Fahrt mit ihnen. Durch sie belebt, öffnet er sich, begegnet jetzt seiner Vergangenheit nicht nur als passiver Beobachter, sondern auch aktiv erzählend.

Kontrastierende Episoden

Für den Betrachter ist kaum noch auszumachen, was Realität und was Fantasie ist, dies wird auch zunehmend unwichtig. Dass das filmische Geschehen, nachfolgend in oft kontrastierenden Szenen gezeigt wird, betont die Brisanz und die Dynamik des inneren Prozesses, Borgs inzwischen erwachende Sehnsucht nach Beziehung und seine Angst vor Zurückweisung und Verwundung.

Diese oft schlaglichtartig aufleuchtenden Episoden setzen sowohl den Protagonisten als auch den Zuschauer einem Wechselbad der Gefühle aus und zeigen in ihrer Dynamik, dass diese Borg nun emotional zugänglicher werden.

Da sieht man die Reisegruppe bei einem stimmungsvollen Mittagessen am See, erlebt wie die Jungen ein Lied anstimmen und Isak angerührt mit einem Gedicht fortfährt: „Wo ist der Freund, den überall ich suche?" – und spätestens hier hat der Zuschauer den Alten ins Herz geschlossen.

Abrupt aber folgt auf diese Heiterkeit ein Unfall – eine Kollision mit dem Auto eines Ehepaars, das sich erbittert streitet und mit gnadenloser Schärfe verletzt. Dieser Zwischenfall weckt in Borg schockartig schmerzhafte Erinnerungen an die unglückliche Ehe mit seiner schon lang verstorbenen Frau Kathrin und wie diese ihn als kaltherzig bezeichnete.

Dass es in seinem Leben auch einmal anders gewesen ist, dass er für andere wichtig war, erlebt er in dem Ort, in dem er früher als Kreisarzt tätig war. Der Tankstellenbesitzer, der ihm seinen Wagen auftankt, ist höchst erfreut, ihn zu sehen und voll des Lobes über seine Menschlichkeit. Er will ihm sogar die Rechnung für den Treibstoff erlassen. Borg ist gleichermaßen irritiert und gerührt von dieser Geste. „Vielleicht hätte ich nie von hier weggehen sollen?", meint er beim Abschied.

Demgegenüber begegnen wir der Lieblosigkeit und Härte, der Kälte, in der Isak aufgewachsen ist, als er und Marianne seiner uralten Mutter einen kurzen Besuch abstatten. Marianne, seine Begleiterin, auch sie wie Sara Liebe, Wärme und Leben repräsentierend, findet nach dem Besuch klare Worte: „Nie ist mir so viel Kälte begegnet."

Dieser Besuch lässt uns den alten Mann in einem neuen Licht erscheinen. Wir erfahren etwas über die prägende und traumatisierende Atmosphäre seiner Kindheit, über die Genese seiner Schwierigkeiten. Die fehlende emotionale Spiegelung durch diese harte und eisig-kalte Mutter legte den Grundstein für seine narzisstische Unbezogenheit und seine verarmte Empathie. Anders als die verhärtete alte Frau, die beim Hervorkramen alter Dinge abfällig bemerkt: „Ist doch bloß alter Plunder", schätzt Isak aber inzwischen die Erinnerung an Vergangenes – ein weiterer Schritt bei seiner Metamorphose.

Einsamkeit

In der dritten Traumsequenz, enorm verdichtet, treten viele der im Laufe der Reise Borg begegneten Personen auf. Diese Szenen bringen Isaks Leben und sein Leiden gewissermaßen auf den Punkt.

Eine surreale Sequenz in gespenstischer Kulisse: Sarah, seine Jugendliebe, hält ihm einen Spiegel vor, damit er selbst erkennt, welch ein alter und ängstlicher Mann er geworden ist. „Du erträgst die Wahrheit nicht." – "Obwohl du so viel weißt, weißt du nichts:"

Der Traum entwickelt sich zu einer Prüfung und ähnelt zunehmend einem Gerichtsverfahren. Obwohl nur seine fachliche Kompetenz geprüft wird, versagt Borg in allen Teilen der Prüfung. Beim Mikroskopieren kann er nichts sehen, einen Text an der Tafel kann er nicht lesen, und er stellt eine völlig falsche Diagnose. Vor allem aber weiß er nicht, was die erste Pflicht des Mediziners ist. „Um Verzeihung zu bitten", belehrt ihn der Prüfer. Er wird verurteilt wegen Selbstsucht, Gefühlskälte, Selbstgefälligkeit.

Zum Schluss des Traumes will Borg wissen, was denn seine Strafe sei. „Das Übliche", antwortet der Prüfer: „Einsamkeit." Dass Isak nun die Botschaft seiner Träume „verstanden" hat, wird dadurch deutlich, dass er zu Marianne, die Träume reflektierend, sagt: „Es ist, als wenn ich mir etwas sagen wollte, was ich nicht höre, wenn ich wach bin." – „Und was ist das?" – „Dass ich ein Toter bin, obwohl ich lebe."

Blickt man zurück auf die einzelnen Träume, Fantasien und Erinnerungen fällt auf, dass diese sich entlang seines Erkenntnisprozesses, seiner Aussöhnung mit der Vergangenheit, letztlich seines Individuationsweges, wandeln. Anfangs nur passiver Beobachter, wird sein Part in den Träumen zunehmend aktiv, je mehr er sich auf die Botschaft des Unbewussten einlässt.

Im Laufe des Geschehens ist Isak schmerzhaft bewusst geworden, dass sein scheinbar so erfolgreiches Leben, seine Freundlichkeit und Höflichkeit nur Fassade ist, hinter der emotionale Leere steht. Voller Schuld, Trauer und Bedauern erkennt er, dass Menschen, die ihm nahestehen, an seiner Seite emotional verkümmern. Sara konnte sich rechtzeitig abwenden, seine Frau Kathrin ist daran zugrunde gegangen, und sein Sohn konnte diese Gleichgültigkeit nur ertragen, indem er die Gefühlskälte seines Vaters kopierte.

Ein Prozess der Versöhnung

Wie tief die Träume der zurückliegenden Reise Borg berührt haben, zeigt sich während der Jubiläumsfeierlichkeit. Mitten im Festakt meldet sich Isaks Stimme aus dem Off: „Ich ertappte mich dabei, dass meine Gedanken während der Zeremonie um die Ereignisse des Tages kreisten. Ich beschloss, alles in meiner Erinnerung zu behalten und die Geschehnisse aufzuschreiben. Immer mehr wurde mir klar, dass zwischen diesen verwirrenden Vorkommnissen eine merkwürdige Kausalität bestehen musste."

Indem Isak, angestoßen durch die Impulse aus dem Unbewussten, schmerzhaft erkennt, wie er zu dem geworden ist, der er ist, beginnt der Prozess der Versöhnung mit sich und den anderen. Er ist nicht mehr gefangen im Zerstrittensein der inneren Figuren. Aussöhnung ist möglich. Die innere Wandlung lässt ihn weicher, empathischer, bezogener werden. Fast wie eine letzte Chance.

Anders als bei seinen späteren Werken, in denen sein Blick meist düsterer und oft bitterer war, plädiert Bergman hier noch für ein Glück der Offenheit für die Welt, für Begegnung und die Fähigkeit zur Veränderung. Für Isak haben sich die Prioritäten verändert. Jetzt kann er Begegnung suchen, sich auf Beziehungen einlassen. Und so kann der Film – geradezu märchenhaft – versöhnlich enden: Am Ende des Tages sucht Isak – zwar noch unbeholfen und scheu – die Aussprache mit seinem Sohn, zeigt sich ihm gegenüber interessiert und großzügig, und zu seiner Freude erfährt er, dass dieser und Marianne wieder zueinander finden. Für seine Schwiegertochter, die er als Begleiterin schätzen gelernt hat, findet er warme Worte der Zuneigung und des Dankes. Zu guter Letzt wagt er sogar, seine alte, treu dienende, knorrige Haushälterin Agda um Verzeihung für seine Unfreundlichkeit zu bitten. Schließlich legt Isak sich schlafen, um träumend zum idyllischen Sommerhaus zurückzukehren. Er soll seine Eltern suchen, und er findet sie – friedlich am Ufer sitzend und ihm zuwinkend. Ein letztes Bild der Versöhnung.

Und so endet der Film mit einem eindrucksvollen Schlussbild: Das leichtes Lächeln auf dem Gesicht eines alten Mannes – friedlich, anscheinend mit sich im Reinen.

Ist als DVD im Handel erhältlich

Dieter Volk
Analytischer Kinder- und Jugendlichen-Psychotherapeut, Dozent am C. G. Jung-Institut Stuttgart. Dort Initiator der Veranstaltungsreihe *Film im Keller.*

Der alternde Mensch sollte wissen, dass sein Leben nicht ansteigt und sich erweitert, sondern dass ein unerbittlicher innerer Prozess die Verengerung des Lebens erzwingt.

Für den jugendlichen Menschen ist es beinahe Sünde oder wenigstens eine Gefahr, zu viel mit sich selber beschäftigt zu sein, für den alternden Menschen ist es eine Pflicht und eine Notwendigkeit, seinem Selbst ernsthafte Betrachtung zu widmen.

Die Sonne zieht ihre Strahlen ein, um sich selber zu erleuchten, nachdem sie ihr Licht auf eine Welt verschwendet hat.

Statt dessen ziehen es viele Alte vor, Hypochonder, Geizhälse, Prinzipienreiter und laudatores temporis acti [Lobredner der vergangenen Zeit, Anm. Red.] oder gar ewig Junge zu werden, ein kläglicher Ersatz für die Erleuchtung des Selbst ...

C. G. Jung, GW 8, § 785

Nudging als Möglichkeit zur Verbesserung der eigenen Gesundheit und der gesundheitspsychologischen Versorgung?

Katrin Kranz, Volker Gapp, Wolfgang Schäberle

Der allgegenwärtige gesellschaftliche Druck zur Selbstoptimierung sowie das allgemeine Streben der Menschen nach Individualität und Besonderheit führt uns oftmals in vielerlei Hinsicht vor Augen, dass der Wunsch und der Wille nach Verbesserung allein zumeist nicht ausreicht, um eine tatsächliche Änderung der eigenen Lebensgewohnheiten herbeizuführen.

Gerade im Bereich der psychischen wie körperlichen Gesundheit liegt die Diskrepanz zwischen gesundheitlich sinnvollem Verhalten und tatsächlichem Verhalten der Menschen häufig weit auseinander. Beispielsweise könnten ein Großteil der weltweiten Erkrankungen, insbesondere Diabetes und Herz-Kreislauf-Erkrankungen, verringert werden, würden Menschen sich gesundheitsbewusster verhalten: weniger Rauchen, gesünder Essen und mehr Sport treiben.

Vor diesem Hintergrund erscheint eine Methode, die Thaler und Sunstein vor ca. zehn Jahren in ihrem Buch *Nudge. Improving decisions about Health, Wealth and Happiness* (2008), erstmals vorgestellt haben, ein interessanter Ansatz zu sein, um diese Diskrepanz zu verringern und die Menschen zu einem gesundheitsbewussteren Verhalten anzuhalten.

Nudging – was ist das?

Das engl. Verb „to nudge" wird im Deutschen mit „schubsen/anstupsen", „anstoßen" übersetzt. Mit Hilfe des Nudging soll es möglich sein, Menschen zu einem besseren und gesünderen Verhalten zu motivieren.

Nudges sind dabei jedoch keine Verbote, Strafen oder finanzielle Anreize, die zu einem bestimmten Verhalten anleiten sollen. Sie sind transparente Elemente ohne irreführende Informationen, die förderliche Entscheidungen nahelegen und dem Wohl des Menschen und der Gemeinschaft dienen.

Die Beeinflussung durch die „Anstöße" muss ohne großen Aufwand leicht zu umgehen sein, der Mensch muss sich also leicht auch gegen ein solches „Anstupsen" verhalten können (z. B. der Hinweis auf die Gefahr des Zigarettenrauchens auf der Schachtel verhindert nicht, Zigaretten dennoch zu kaufen).

Arten von Nudges

In unserem Alltag begegnen uns täglich Nudges. Unbewusst und selbstverständlich sind sie zu unserem ständigen Begleiter geworden, da sie unser Leben oft auf eine nützliche Art vereinfachen. Die Präsentation von Waren in Sicht- und Griffweite oder Navigationssysteme, welche uns eine bestimmte Verkehrsroute vorschlagen, sind Nudges. Die Voreinstellungen unseres Handys sind dies ebenso wie die bewusste Anordnung der Speisen in der Mensa oder Betriebskantine oder die Rückgabeaufforderung von Büchern der Bibliotheken. Standardregeln, Standardvorgaben und Voreinstellungen sind eine der effektivsten und am häufigsten genutzten Nudges. Man kann sie ändern und umgehen, aber das erfordert Nachdenken und Zeit.

Große Bekanntheit erlangte beispielsweise das Programm *Save more tomorrow* welches Thaler & Sunstein (2008) in ihrem Buch vorstellten. Durch die Einführung von automatischen Beitragssteigerungen in Rentensparpläne konnte ein signifikanter Anstieg der Altersvorsorgeraten von Arbeitnehmern nachgewiesen werden. Dies trug dazu bei, dass Menschen, die sich früher hauptsächlich aus Trägheit nicht mit ihrer Altersvorsorge beschäftigt hatten, durch eine kleine Änderung in den Formularen nun signifikant mehr für ihr Alter vorsorgten. Auch Erinnerungen jeglicher Art sind nachweislich sehr effiziente Nudges. Zeitlich und räumlich richtig platziert stellen sie sicher, dass Individuen sofort reagieren können und haben damit signifikante Auswirkungen auf die tatsächliche Ausführung von Handlungen.

Warum funktioniert Nudging?

Doch warum funktioniert Nudging? Im Menschen sind zwei kognitive Systeme für Entscheidungen relevant, welche Kahneman (2012) als „automatisches System 1" und „bewusstes System 2" bezeichnet hat. Dabei steht das System 1 für die Prozesse, die weitgehend automatisch, schnell, willkürlich, ohne Anstrengung und unbewusst-intuitiv ablaufen. Im Gegensatz dazu laufen die affektiven und kognitiven Prozesse der Entscheidungsfindung des Systems 2 kontrolliert und bewusst ab. Es benötigt ein hohes Maß an kognitiven Ressourcen und ist daher langsamer. (Diese Einteilung erinnert an die beiden Funktionsweisen des psychischen Systems, die S. Freud mit „Primärprozess" – rasche Bedürfnisbefriedigung – und „Sekundärprozess" – rationale Realitätsüberprüfung – bezeichnete.)

Die Grundlage, mit der das psychische System arbeitet, ist das System 1. Stößt System 1 bei seinen unbewusst ablaufenden Prozessen auf nicht einfach zu lösende Probleme wird automatisch System 2 aktiviert. Doch warum ist das so? Das Gehirn unterliegt dem „Prinzip des geringsten kognitiven Aufwands" (Pfister, Jungermann & Fischer, 2017, S. 347). Um Ressourcen zu sparen, wird zum Treffen einer bestimmten Entscheidung immer nur der minimal notwendige psychische Aufwand aufgebracht. Das bedeutet: Wenn System 1 bereits eine für das aktuelle Problem augenscheinlich gute Lö-

sung gefunden hat, macht sich System 2 diese zu eigen und übernimmt diese Entscheidung. Nur bei widersprüchlichen Informationen oder sonstigen auftretenden Konflikten wird das bewusst-rationale System 2 aktiviert, der erste Eindruck überprüft und gegebenenfalls korrigiert.

Da das System 1 in der Regel zuverlässig arbeitet, funktioniert dieser Ablauf im Allgemeinen recht gut. Dennoch ist System 1 anfällig für Fehler, da es durch negative Lernprozesse, Vorurteile und kognitive Verzerrungen beeinträchtigt sein kann.

Grund dafür sind die sogenannten Heuristiken. Heuristiken sind meist unbewusste oder vorbewusste Strategien, Faustregeln oder Gewohnheiten, die uns helfen, mit begrenztem Wissen und begrenzter Zeit Entscheidungen zu treffen und Urteile zu fällen. Sie werden auch als mentale Abkürzungen bezeichnet, welchen sich der Mensch mithilfe des Systems 1 bedient, um Informationen und Sachverhalte zu vereinfachen. Diese Heuristiken können aber auch zu Wahrnehmungsfehlern, Fehleinschätzungen und naivem Wunschdenken (Freud) führen, die Entscheidungen erheblich, auch nachteilig, beeinflussen können. Durch die Kenntnis solcher Verhaltensfehler ist es jedoch möglich, diesen entgegenzuwirken und mithilfe von Nudging Menschen zu einem für Sie vorteilhafteren Verhalten jeglicher Art anzustoßen.

Nudging in der gesundheitlichen Praxis

Dass sich die Methode des Nudgings durchaus sinnvoll zur Verbesserung des Gesundheitsverhaltens einsetzen lässt, haben insbesondere Regierungen wie z. B. die britische und die amerikanische bereits gezeigt. In ihrem Bericht *Applying behavioral insights to health* (BIT, 2010) beschäftigte sich die britische Regierung bereits frühzeitig mit der Anwendung verhaltensökonomischer und verhaltenspsychologischer Aspekte zur Verbesserung des Gesundheitsverhaltens ihrer Bevölkerung. Das „Behavioral Insights Team" (BIT) erarbeitete darin verhaltenswissenschaftliche Maßnahmen zur Verbesserung von Themengebieten, die dem britischen Staat bisher jährlich enorme Kosten verursachten und deren Verbesserung ausschlaggebend für eine bessere Gesundheit der Bürger Großbritanniens sind: das Rauchen, exzessives Trinken junger Erwachsener, Teenagerschwangerschaften, die Organspendenbereitschaft, Übergewicht und Fettleibigkeit, Diabetes, fehlende körperliche Bewegung, Lebensmittelvergiftungen und die Pflege.

So hat sich das BIT beispielsweise zum Ziel gesetzt, effektivere Raucherentwöhnungsprogramme einzuführen, welche insbesondere auf der Nutzung von Engagement- und Anreizinstrumenten basieren. Auch soll die Organspendenbereitschaft durch das Schaffen einer Stellungnahmeverpflichtung beim Führerscheinantrag erhöht werden. Dieses System, welches damit einen genauen Zeitpunkt festlegt, wann Personen sich mit der Frage der Organspende beschäftigen, wurde bereits in einigen US-Bundesstaaten erfolgreich getestet und führte zu einer signifikanten Erhöhung der Organspendenbereitschaft. (BIT, 2010)

Da auch Teenager-Schwangerschaften nachweislich zu einem langfristig schlechteren Gesundheitsverhalten führen, entwickelte eine britische Charity-Organisation ein Programm, bei dem Risiko-Teenager 20 Wochen lang die Patenschaft für ein Kleinkind übernahmen. Die Schwangerschaftsquote dieser Risiko-Teenager konnte durch das Aufzeigen der Anforderungen und der Verantwortung, die eine Elternschaft mit sich bringt, signifikant und weit unter den britischen Durchschnitt gesenkt werden. (BIT, 2010)

Auch um das exzessive Trinken unter Großbritanniens Studierenden einzudämmen, plant die britische Regierung an Universitäten Kampagnen nach amerikanischem Vorbild, welche sich sozialer Normen bedienen, um das Trinken einzugrenzen. Studenten überschätzen signifikant die Konsummengen ihrer Kommilitonen. Durch die Vermittlung der tatsächlichen Trinkmenge von Jugendlichen konte der Druck der jungen Leute, der „Trink-Norm" zu entsprechen gesenkt und das Trinklevel der Studierenden nachweislich reduziert werden. (BIT, 2010)

Ein weiteres massives Gesundheitsproblem – nicht nur der britischen Bevölkerung – ist Übergewicht und Fettleibigkeit. Sechs von zehn Erwachsenen in Großbritannien sind übergewichtig oder fettleibig, sowie fast ein Viertel der vierjährigen und ein Drittel der zehnjährigen Kinder. Durch eine einfache Änderung an Einkaufswagen soll, wie in den USA bereits erfolgreich getestet, die Bereitschaft, mehr Obst und Gemüse zu kaufen, erhöht werden. Eine gelbe Linie im Einkaufswagen, der einen abgegrenzten Bereich für Obst und Gemüse markiert – ein klassischer Nudge –, konnte die Menge an gekauftem Obst und Gemüse deutlich steigern.

Eine weitere Initiative, um Kinder zu mehr Bewegung und gesünderer Ernährung zu bewegen, hat sich in Island mittels einer TV-Show bewährt, in der der Superheld „Sportacus" zu gesundem Essen und Bewegung anregt. Kinder zwischen vier und sieben Jahren können mit ihren Eltern einen vorgefertigten Vertrag abschließen, der sie für sportliche Bewegung, gesundes Essen und frühes Zubettgehen belohnt.

Auch wurde in einigen Supermärkten das Obst und Gemüse in „Sports Candy" umbenannt, wie es auch in der Fernsehserie heißt. Der Umsatz konnte dabei um 22 Prozent gesteigert werden, und Island ist mittlerweile eines der wenigen Länder, in denen die Fettleibigkeitsrate sinkt. Dies soll nun auch in Großbritannien gelingen. (BIT, 2010)

Des Weiteren ist die Verbesserung der körperlichen Fitness aufgrund eines zunehmend inaktiven Lebensstils in Großbritannien ein ernst zu nehmendes Thema. Ideen zur Verbesserung dieser sind bspw. die „Step2get" Initiative, welche Schülern mithilfe eines Online-Gaming Ansatzes und Belohnungspunkten Anreize bietet, zur Schule zu laufen. Die Belohnungspunkte können anschließend in Kino- oder Einkaufsgutscheine umgewandelt werden. Mit dieser Methode hat sich der Anteil der Kinder, die zur

Schule laufen, in zwei Pilotschulen, um 18 Prozent erhöht.

Weitere Ansatzpunkte zur Verbesserung der körperlichen Aktivität bei Kindern sind auch die von der Industrie entwickelten Spielekonsolen, die Video-Spiele mit körperlicher Aktivität verbinden. Erwachsene werden durch Sport-Apps und GPS-Systeme, die bspw. die Laufstrecke und Geschwindigkeit messen, motivierende Nachrichten von berühmten Sportlern einspielen oder auch Vergleiche mit anderen Läufern zulassen, zu mehr und regelmäßigerer Bewegung animiert. (BIT, 2010)

Die Anregungen von Thaler & Sunstein und die Arbeiten des BIT's zeigen das enorme Potential von psychologischen Ansätzen zur Verbesserung des Gesundheitsverhaltens und in der gesundheitlichen Prävention auf. Kleine Stupser in die richtige Richtung sind demnach in der Lage, Individuen zu einem gesünderen Leben mit mehr Bewegung, gesünderem Essen und weniger Risikoverhalten wie Rauchen, Trinken oder Teenager-Schwangerschaften zu bewegen.

Aktuelle Forschung zu Nudging in der Gesundheitspsychologie

Aufgrund der Anwendung dieser Erkenntnisse zur Verbesserung der Gesundheit und zur Senkung der Gesundheitskosten durch Regierungen, hat sich in den letzten Jahren auch die gesundheitspsychologische Forschung immer mehr mit dem Thema Nudging befasst. Dabei beschäftigte sich die überwiegende Anzahl der wissenschaftlichen Beiträge zu Nudging in Gesundheitsverhalten und Prävention mit der Verbesserung des Ernährungsverhaltens. Diese Studien wurden hauptsächlich in Kantinen, Mensen oder kleinen Verkaufsläden, wie bspw.

Bahnhofskiosken oder auch Tante-Emma-Läden durchgeführt. (Olstad et al., 2014)

Dabei wurde zum Großteil auf die prominentere Präsentation von gesunden Nahrungsmitteln geachtet, auf die Kennzeichnung der Kalorienangabe oder auf die (freiwillige) Veränderung der Portionsgrößen von Getränken oder angebotenem Essen. Alle Studien miteinander haben diesbezüglich eine hohe Wirksamkeit im getesteten Umfeld ergeben, so dass konstatiert werden kann, dass die Anwendung von Nudges zur Verbesserung des Ernährungsverhaltens strategisch gut eingesetzt werden kann.

Eine sehr erfolgreiche Studie zum Thema Nudgingansätze zur Prävention von Krankheiten haben Dreibelbis et al. (2016) veröffentlicht, die mithilfe von Fuß- und Handabdrücken als Wegmarkierungen Kinder in Bangladesch erfolgreich zum Händewaschen anregen konnten.

Da dem deutschen Gesundheitssystem aufgrund fehlender Bereitschaft der Patienten aktiv bei ihrer Behandlung mitzuarbeiten (Patientencompliance) jährlich mehrere Milliarden Euro Kosten entstehen, ist der Ansatz zur Verbesserung der eigenverantwortlichen Mitwirkung von Patienten zum Heilungserfolg, auch unter wirtschaftlichen Gesichtspunkten, interessant.
Beispiele hierfür sind Nudges zur Förderung der Medikamenteneinnahme oder zur Einhaltung einer notwendigen Diät, aber auch Default-Regelungen zur Überwindung der Trägheit von Patienten, wie bspw. die automatische Vereinbarung des nächsten Arzttermins, eines präventiven Screenings unter Gewährung eines Widerspruchsrechts („opt-out") oder der gezielte Einsatz von Erinnerungen durch intelligente Pillenbehälter, die bei Nichteinnahme der verordneten Medikamente aufblinken. (Hermstrüwer, 2018)

Verhaltenswissenschaftliche Ansätze mit digitalen Technologien zu verknüpfen, das ist der Ansatz des E-Nudgings, welcher insbesondere durch die Fachhochschule St. Gallen und ihrem Forschungsprojekt dazu vorangetrieben wird.

Maier und Reimer (2016) unterstreichen in ihren Arbeiten das Potential, welches insbesondere mobile Technologien wie Smartphones, Smartwatches und andere tragbare Sensoren (Wearables) haben. Diese Geräte sollen den Patienten dabei unterstützen, aus einer eher passiven Rolle in eine stärker partizipative Rolle zu gelangen. Maier & Reimer sehen dabei als größte Herausforderungen die Aufrechterhaltung der Motivation der Patienten sowie die Heterogenität der Benutzergruppen.

In ihrem Artikel *E-Nudging – Motivationshilfe in der Prävention und im Umgang mit chronischen Erkrankungen im Alltag* stellen Maier & Reimer (2015) auch die Vorteile der Nutzung von mobilen IT-Geräten hinsichtlich ihrer Möglichkeiten zur Unterstützung von Versorgungsqualität, Kommunikation und Selbstorganisation von chronisch kranken Patienten dar. Sie führen neben einer orts- und zeitunabhängigen Kommunikationsmöglichkeit, die Erinnerungs- und Alarmfunktion solcher Geräte zur Tabletteneinnahme und das elektronische Zur-Verfügung-Stellen von Nachsorge- und Behandlungsplänen auf.

Des Weiteren können mobile Endgeräte das ambulante Terminmanagement unterstützen, aber auch bereits Vitalparameter wie z. B. Blutwerte und Langzeit-EKGs überwachen, mit der Möglichkeit eines Fernzugriffs durch die behandelnden Ärzte bzw. zur Datenübertragung. Das Ziel solcher „Wearables" ist es, dem Nutzer zu helfen, Gewohnheiten langfristig zu ändern und somit zu langanhaltender Gesundheit beizutragen.

Kritische Betrachtung des Nudging

In vielen Bereichen hat sich die Nutzung der Nudges bereits als zielführend und gewinnbringend erwiesen. Nudges tragen damit, richtig konzipiert und eingesetzt, nachweislich zu einer Verbesserung des Gesundheitsverhaltens von Menschen bei und können bei der Prävention von Krankheiten durch Verbesserungen im Entscheidungsverhalten, der Compliance aber auch durch mehr Bewegung und weniger Risikoverhalten unterstützen.

Nudges sind des Weiteren oft sehr einfach zu implementieren, zumeist kostengünstig und effektiv. Auch durch die rasante technologische Entwicklung wird das Anwendungsspektrum für Nudges durch „E-Nudging" oder der „eHealth Technologie" in Zukunft noch enorm wachsen und bietet damit dem Gesundheitswesen große Möglichkeiten effektiv und effizient auf jeden Einzelnen einzugehen.

Trotz aller Chancen des E-Nudgings sollten auch die Bedenken nicht unterschätzt werden. Abgesehen davon, dass es für die Nutzung von Smartphones, Smartwatches und Wearables des notwendigen Kleingelds bedarf, so wird die Technologie derzeit noch überwiegend von jungen, technikaffinen Personen genutzt.

Die Personen, die jedoch am meisten von individualisierten Nudges im gesundheitspsychologischen Kontext profitieren könnten, sind chronisch kranke und ältere Menschen. Außerdem wird für die Nutzung von Gesundheits-Apps meist ein sehr gutes Internet mit hoher Datengeschwindigkeitsübertragung vorausgesetzt, was gerade im ländlichen Raum Deutschlands noch nicht flächendeckend gegeben ist und somit Teile der Bevölkerung von der Nutzung ausschließt.

Des Weiteren sind auch die datenschutzrechtlichen Themen und die Hackeranfälligkeit der Systeme und App-Anwendungen, insbesondere bei der Übertragung von hochsensiblen und persönlichen medizinischen Daten, ein noch zu lösendes Problem, damit Bürger Vertrauen in die Nutzung dieser Anwendungen gewinnen können, um vom E-Nudging ohne Nachteile profitieren zu können.

Weiter muss kritisch bedacht werden, dass Nudges – zwar recht sanft und gutgemeint – eine Methodik der Beeinflussung und Manipulation darstellen, die von Erziehung, Werbung, religiöser und politischer Propaganda durchaus auch zur Erzeugung weniger nützlicher Einstellungen, Gewohnheitsbildungen und Verhaltensweisen genutzt werden kann (vgl. dazu auch der alte, in Vergessenheit geratene Bestseller von V. Packard: „Die geheimen Verführer" von 1958).

Auch wenn das Nudging-Konzept davon ausgeht, dass Menschen in verschiedenen Lebensbereichen so beeinflusst werden sollen, dass das Gemeinwohl wie auch das eigene Wohl der Individuen gesteigert wird, ist zu bedenken, dass bestimmte Normen und Einstellungen, die heute als richtig angesehen werden, sich morgen als falsch und irreführend herausstellen können. Was es also auch hier braucht, ist der „mündige Bürger", der das Konzept kennt und dem immer bewusst bleibt, dass er selber entscheiden kann, ob er dem anstupsenden Anreiz oder der sanften Verführung zum guten und gesunden Verhalten folgen will.

Literatur

BIT – Behavioural Insights Team. (31. Dezember 2010). Applying behavioural insight to health. Von Government UK.

Dreibelbis, R., Kroeger, A., Hossain, K., Venkatesh, M., & Ram, P. K. (2016). Behavior Change without Behavior Change Communication: Nudging Handwashing among Primary School Students in Bangladesh. Von International Journal of Environmental Research and Public Health

Hermstrüwer, Y. (2018). Anreize und Nudging zur Patientencompliance: Staatliche Entscheidungen über Heilung und Ressourcenverteilung. GesR – GesundheitsRecht, Vol. 1, S. 21-27.

Kahneman, D. (2012). Schnelles Denken, langsames Denken. München: Penguin Verlag.

Olstad, D. L., Goonewardene, L. A., McCargar, L. J., & Raine, K. D. (2014, 11:6). Choosing healthier foods in recreational sports settings: a mixed methods investigation of the impact of nudging and economic incentive. Von BMC: International Journal of Behavioral Nutrition and Physical Activity

Packard, V. (1958). Die geheimen Verführer. Der Griff nach dem Unbewussten in Jedermann. Düsseldorf: Econ

Pfister, H.-R., Jungermann, H., & Fischer, K. (2017). Die Psychologie der Entscheidung. Berlin, Heidelberg: Springer-Verlag.

Thaler, R. H., & Sunstein, C. R. (2008). Nudge. Improving decisions about Health, Wealth and Happiness. London: Penguin Books Ltd.

Thaler, R. H., & Sunstein, C. R. (2017). Nudge. Wie man kluge Entscheidungen anstößt. Berlin: Ullstein Buchverlage GmbH.

Katrin Kranz (1982), Psychologin (B.A.), Fachreferentin für Strategische Mitarbeiterentwicklung, Robert Bosch GmbH; Hochschullehrbeauftragte für Organisationspsychologie an der IB Hochschule Stuttgart.

Volker Gapp, Dr. rer. med., Prof. für Angewandte Psychologie an der IB-Hochschule Stuttgart.

Wolfgang Schäberle, Dr. Prof., Studiendekan der Fakultät Gesundheits- und Sozialwissenschaften an der IB-Hochschule Stuttgart.

Sabine Grumann
Nach Lebensfreude sehnt sich die Erde.
Eine spirituelle Herausforderung

opus magnum, 2019, 164 S., € 9,99
ISBN-13: 978-3956122019

Sabine Grumann, analytische Kinder- und Jugendlichenpsychotherapeutin und zuvor langjährig als Pastoralreferentin tätig, legt mit *Nach Lebensfreude sehnt sich die Erde* bereits ihr drittes Werk vor. In diesem greift sie das brisante Thema der ökologischen Krise auf. Vor dem derzeitig brodelnden gesellschaftlichen Hintergrund im Hinblick auf die drängenden Umweltprobleme – etwa der Fridays-for-Future-Bewegung und ihren Gegnern – wagt Grumann ihren eigenen Blick auf die sich bereits im Gang befindenden globalen Klimaumwälzungen. In Anlehnung u. a. an C. G. Jung sowie an mystische und spirituelle Traditionen spürt sie unserer „inneren Erde" als Symbol des Urgrunds nach und gibt Hinweise, wie auf dieser innersten Ebene Impulse für einen neuen Umgang mit unserem Planeten zu gewinnen sind.

Im Gegensatz zu Umweltschutz-Bewegungen, welche über Evokation von (Real-)Ängsten die Menschen zu aktivieren versuchen (z. B. Extinction Rebellion) legt Grumann ihren Fokus in der Reflexion nicht (nur) auf die offensichtliche massive destruktive Dimension aktueller Geschehnisse. Wie bereits der Titel verheißt, wird im Buch trotz oder gerade aufgrund der bit-terernsten Lage ein mutiger Perspektivwechsel vollzogen, welcher auf die Vertiefung der Basisemotion Freude abzielt.

In ihrer theoretischen Beleuchtung der momentanen Menschheitssituation vertritt die Autorin die überzeugende These, dass unbewusste Todesängste einer not-wendigen Änderung unserer Lebensweise blockierend entgegen stehen: Möglicherweise liegt in der angstvollen Verdrängung und Abspaltung auch der Hauptgrund, weshalb trotz der wachsenden Bedrohung weiterhin nicht wirklich Wandlung geschieht. Denn mit der grundlegenden Verdrängung der ökologischen Krise spaltet der Mensch nicht nur die Bedrohung, sondern auch die Möglichkeiten einer Wandlungschance von sich ab" (S. 40).

Aus diesem Blickwinkel heraus lassen sich die leugnenden Reaktionen vieler bildungsnaher Menschen auf die wissenschaftliche Faktenlage bzgl. des Klimawandels als Angstabwehr verstehen. Eine einseitige Hinwendung zum Pol der Bedrohung im gesellschaftlichen Diskurs erscheint daher geradezu kontraproduktiv. Grumann stellt sich stattdessen der zentralen Frage, wie wir zu echter Lebensfreude, Achtung, Ehrfurcht und Respekt gegenüber uns selbst, der Erde, allen Menschen und Dingen finden können (S. 9). Gerade eine freudig-dankbare Haltung erscheint ihr grundlegend zu sein für einen nachhaltigen, bewahrend-schöpferischen Umgang mit der Erde.

Ein weiterführendes Stichwort in ihrer Suche nach Antworten scheint mir das der „vernetzten Wirklichkeit" (nach R. Kaiser) zu sein: In der durch die Globalisierung angestoßenen Bewusstwerdung unserer gegenseitigen Abhängigkeiten bzw. Bezogenheiten und mittels unserer weltweiten kommunikativen Vernetzung keimt Hoffnung auf. Bildet die eine Seite der Globalisierungs-Medaille Chaos bis hin zur atomaren Spaltung bzw. Auslöschung ab, so tritt auf der anderen Seite der Medaille die Erde als Ganzheit und Einheit, als „Urgrund jeden Seins" (S. 31) im menschlichen Bewusstsein immer deutlicher hervor.

Die ökologische Krise wird von Grumann somit als Wendepunkt gedeutet, an welchem potenziell die Möglichkeit besteht, dass bislang dominierende, patriarchale Spaltungsprozesse überwunden werden können. Ein integrales, transpersonales „neues Erden-Bewusstsein" (S. 32) verbindet die Autorin mit einer grundlegenden symbolisierenden Einstellung des Menschen mit dem Leben. Als „Kernelement des Schöpferischen und Religiösen" (S. 75) lässt die symbolische Wahrnehmung, welche Körper, Seele und Geist miteinander verbindet, den Menschen sich in seiner Lebendigkeit verstärkt spüren.

Grumann selbst spürt mit ihren Worten den „Lebenspfaden der Freude" nach, welche unerwartet im Einfachen, im Innehalten, im Atemholen aufscheinen können. Das Buch verbindet kurzweilig tiefenpsychologische Analyse mit konkreten, an der Lebens-Praxis orientierten Wahrnehmungs-Impulsen. Mithilfe von meditativen, achtsamkeitsfördernden Sprachbildern vermag es die Autorin, bei den Leser*nnen einen spontanen Wechsel von der gegenwärtig eher vorherrschenden Angst-Getriebenheit hin zur Fokussierung auf mehr Lebensfreude anzuregen. Eine Konfrontation der Leser*nnen mit unseren im Bewusstseinsschatten liegenden Ängsten und destruktiven Energien wird zugleich nicht gescheut. So stößt die Autorin integrative Prozesse bereits beim Lesen an, und dies in der ihr eigenen Schreibweise, die sich leicht und tänzerisch anfühlt.

Nach Lebensfreude sehnt sich die Erde zielt auf eine Intensivierung unserer alltäglichen Wahrnehmungsfähigkeit von Bezogenheit, Solidarität und Mitgefühl ab – Empfindungsweisen, welche die Grundlagen eines achtvollen Umgangs mit unserer aller „Mutter Erde" darstellen.

Folgerichtig richtet sich die Autorin nicht nur an versierte Kenner*innen der Tiefenpsychologie, sondern an ein breiteres Publikum. Jenseits der äußerst relevanten ökologischen Thematik stellt der Text, der in einem direkten, vertraulichen Ton gehalten ist, eine gelungene Einführung in klassische und zeitgenössische Positionen der Analytischen Psychologie dar. Zentrale Themen wie Bewusstseins-Evolution, Spiritualität oder Psychologie des Weiblichen werden von der Autorin beleuchtet und neu eingeordnet.

In ihrer ihr eigenen achtsamen, feinfühligen Sprache berührt einen die Autorin unmittelbar und ermutigt uns Leser*innen dazu, mit uns selbst und unserer lebendigen Umwelt vielseitig in Kontakt zu kommen. Dieses Lese-Erlebnis macht wirklich Freude.

Stefanie Nahler

Corinna Leibig, Hans Hopf „Bin ich richtig?"

Mabuse-Verlag, 2019, 126 Seiten, € 19,95
ISBN-13: 978-3863214203

Endlich gibt es ein Buch nicht über die viel gefürchtete Pubertät, sondern eines für die Betroffenen selbst!

Die eindrücklichen Texte von Hans Hopf umkreisen die vielfältigen Fragen, die die Pubertierenden bewegen. Sie entdecken in dieser Entwicklungsphase zum ersten Mal ihre Fähigkeit zu reflektieren und sich mit ihren Gefühlen und Empfindungen bewusst auseinanderzusetzen. Dabei spüren sie ihre eigene Zwiespältigkeit. Hans Hopf vermittelt ihnen, dass ihre Unsicherheit berechtigt ist angesichts einer Entwicklung, die in ein Niemandsland führt und voller beunruhigender Veränderungen steckt. Die einfühlsamen Texte vermitteln den Jugendlichen die Erkenntnis, trotz aller körperlichen Veränderungen, in allen Gefühlsschwankungen richtig zu sein.

Die grafische Gestaltung von Corinna Leibig spiegelt in ihrer im wahrsten Sinne Aufsehen erregenden schwarz-neongrünen Farbigkeit die Empfindungen der Heranwachsenden. Ihre gelegentlich komischen, aber gleichzeitig ernst zu nehmenden Illustrationen entsprechen der Befindlichkeit der Pubertierenden, genau dem, was Jugendliche ihrer eigenen Person gegenüber empfinden. Sie können sich in den Zeichnungen wiederfinden, ohne dass ein erzieherischer Zeigefinger zur Opposition herausfordert.

So ist das großformatige Buch nicht nur eine

wichtige Orientierungshilfe für die Pubertierenden, das Ihnen Sicherheit und Bestätigung vermittelt, sondern gleichermaßen Eltern, Pädagogen und Psychologen eine Hilfe sein kann, um im Umgang mit den Jugendlichen Gelassenheit zu entwickeln.

Christiane Lutz

Karl-Josef Kuschel
Dass wir alle Kinder Abrahams sind …

Helmut Schmidt begegnet Anwar as-Sadat
Ein Religionsgespräch auf dem Nil

Patmos Verlag, 2018, 240 S., € 25,00
ISBN 978-3-8436-1096-4

Dies ist ein außerordentlich lesenswertes, ein spannendes und empfehlenswertes Buch. Es ist in Sprache und Ausdruck lebendig und in seinem Inhalt hoch aktuell. Es beschäftigt sich mit der Geschichte und dem Frieden im Nahen Osten aus der Perspektive der Weltreligionen.

In unserem Alltag sind wir alle in vielen Lebensbereichen mehr als je zuvor aufgerufen, mit Toleranz und Respekt die Buntheit und Vielfalt unterschiedlicher Menschen zu begleiten. Verschiedene Nationalitäten und Religionen fordern uns in der Erweiterung unserer eigenen Entwicklung heraus, sei es in der Psychotherapie, in Beratungen oder im klinischen Bereich.

Dazu ist dieses Buch der Aufklärung ein gelungener Beitrag.

Prof. Karl-Josef Kuschel ist kath. Theologe. Er engagiert sich bei der Stiftung Weltethos in Tübingen und ist seit vielen Jahren Experte im interreligiösen Dialog. Er zitiert in diesem Buch Helmut Schmidt, der die Auffassung vertritt, der Frieden in der Welt hänge in hohem Maße davon ab, dass die Führer der Weltreligionen ihre Verantwortung für den Frieden wahrnehmen und dass sie ihre Gläubigen zu gegenseitigem Respekt und zur Toleranz aufrufen" (S. 66). Und weiter: „Unsere unterschiedlichen Religionen und Weltanschauungen hindern uns nicht, zum Besten aller zusammenzuarbeiten. Denn unsere moralischen Grundwerte liegen viel näher beieinander, als einige christliche Lehrer und Oberhirten, als viele Scharfmacher und Fundamentalisten auf allen Seiten glauben machen wollen. Der Friede zwischen uns ist möglich! Und wir müssen ihn neu stiften, um mit Immanuel Kant zu sprechen." (S. 67)

Es wird über die Begegnung und die Gespräche zwischen Helmut Schmidt und Sadat aufgezeigt, welche gemeinsamen Wurzeln das Judentum, das Christentum und der Islam haben.

Es ist ein Buch der Aufklärung im besten Sinne. Um andere Religionen ein wenig zu verstehen, ist ein Basiswissen hilfreich, das in unserer Kultur weitgehend fehlt. Hier werden nun die 70er-Jahre in Deutschland und Europa lebendig und die Spannungen im Nahen Osten. Es begegnen sich Helmut Schmidt, ein begeisterter Orgelspieler und ein kritischer Christ, und Anwar as-Sadat, ein gläubiger Moslem. Sadat war Berufssoldat, kämpfte für Ägypten gegen die Israelis und hat in seiner Entwicklung zunehmend verstanden, dass die Welt ohne friedliche Koexistenz einer Katastrophe entgegengeht.

Deshalb entstand die Friedensreise nach Israel, wo er in der Knesset eine Rede hielt, was zunächst unmöglich schien. Er war entschlossen, „das Mauerdenken auf allen Seiten zu durchbrechen" (S. 112). Es geht ihm nicht mehr um Krieg und Eroberung, sondern um „gemeinsame geschichtliche Wurzeln" (S. 146) der drei monotheistischen Religionen. Sadat hatte auf dem Sinai, „am Fuße des berühmten Katharinenklosters" ein einfaches Haus, wohin er sich am Ende des Fastenmonats Ramadan zum Beten zurückzog. Sadat wird aus dem Gespräch mit Helmut Schmidt zitiert: „Die Mutter der arabischen Welt ist eine Ägypterin, wussten Sie das? Wir stammen von Abraham ab, ebenso wie die Juden. Der Vater der Juden war Isaak, der der Araber Ismael. Beide sind sie Söhne Abrahams, aber von verschiedenen Müttern. Isaaks Mutter war Sarah, die Mutter Ismaels war Hagar, eine Ägypterin! Juden und Araber sind Brüder, die eine verschiedene Sprache sprechen, aber dazu bestimmt sind, zueinander zu finden." (S. 147)

Und Helmut Schmidt 1997 bei einer Rede an einer Kirchlichen Hochschule: „Christen haben zu allen Zeiten grässliche Irrtümer begangen und scheußliche, fürchterliche Verbrechen begangen – vielfach sogar im Namen Christi und vielfach in der Überzeugung, rechtens zu handeln. Deshalb sollten wir heutige Christen uns unserer Christlichkeit nicht allzu gewiss fühlen. Es ist nicht das Christentum, welches die Menschenrechte erschaffen hat." (S. 175)

Was diese beiden Politiker verbunden hat, ist die tiefe Einsicht, Toleranz zwischen den Weltreligionen zu stiften, wird zu einer Aufgabe von immer größerem Gewicht. Die Verschiedenheit der Hautfarbe, der Abstammung, der Prägung von Gesicht und Gestalt, der Sprachen, der überkommenen Lebensgewohnheiten, des kulturellen Erbes schlechthin wird bei immer enger werdendem Raum, bei immer dichterer Nachbarschaft immer wieder zu Argwohn, Neid, Angst, Hass und Aggression führen. Dabei können die verschiedenen Religionen eine verhängnisvolle Rolle spielen. Denn die Neigung von Religionsgemeinschaften, einen ausschließlichen Anspruch auf alleinige Wahrheit und absolute Geltung zu erheben, und der Eifer vieler Prediger machen den Streit in vielen Fällen lebensgefährlich. (S. 176)

Das Buch ist ein Plädoyer für eine „Strategie der Entfeindung und für eine Erziehung zu wechselseitiger Toleranz" (S. 213) und hat damit eine große Bedeutung, denn es zeigt die Aufgabe der Weltreligionen für die Weltfriedenspolitik, im großen Kontext wie auch im Alltag. Es macht deutlich, dass Glaube, Kirche und Religion vor allem unter ethischen Gesichtspunkten wesentlich sind.

Religionen und vor allem das Christentum seien ihm [Helmut Schmidt d.V.] wichtig für die Vermittlung von moralischen Wertvorstellungen und ethischen Normen, die für ein friedliches Zusammenwirken der Menschen und Staaten unabdingbar seien.

Karl-Josef Kuschel ist es gelungen, ein Buch zu schreiben, das sowohl die politische Dimension des „Deutschen Herbst", 1977, als auch den RAF Terror, das moralische Dilemma der Schleyer-Entführung, den NATO-Doppelbeschluss und die Friedensbewegung aufnimmt, als auch die religiösen Fragen und ethischen Themen jener Zeit am Beispiel von Helmut Schmidt zeigt. Spürbar wird auch die Erschütterung von Politikern, speziell von Helmut Schmidt. Er zeigte eine Offenheit für die Gespräche mit Sadat, und neue Aspekte von Friedenspolitik und Religion öffneten sich für Helmut Schmidt. Er hat sie leidenschaftlich bis zu seinem Tod vertreten.

Ebenso interessant ist die Geschichte von Sadat zu lesen, seine persönliche und politische Geschichte und sein Bemühen um einen Frieden im Nahen Osten. Er ging einen ersten Schritt auf Israel zu, dennoch fehlt der Frieden bis heute, und wir bräuchten ihn so dringend.

Es ist auch heute so, die Welt braucht Weltfriedenspolitik und Religionsfrieden anstatt Mauern.

Margarete Leibig

Christian Roesler
Paarprobleme und Paartherapie

Theorien, Methoden, Forschung – ein integratives Lehrbuch. Kohlhammer, 2018, 344 S.
ISBN 978-3-17-029775-3

Christian Roesler ist Psychologischer Psychotherapeut und war 14 Jahre Berater und Leiter einer Paar- und Familienberatungsstelle. Er geht in seinem Buch von einer im besten Sinne integrativen Perspektive aus und belegt sie durch aktuelle wissenschaftliche Studien Er folgt dabei der aktuellen internationalen Entwicklung, die sich mittlerweile von der Orientierung an einer einzigen Schule weitgehend entfernt hat und in zahlreichen Fachpublikationen schon seit über einem Jahrzehnt verstärkt integrative Ansätze fordert.

Ein solches Bemühen um einen integrativen Ansatz spiegelt sich in der deutschsprachigen Fachkommunikation allerdings nur sehr schwach wider. Die etablierten psychodynamischen, verhaltenstherapeutischen, systemischen, kommunikativen, evolutionsbiologischen und neurowissenschaftlichen Richtungen nehmen voneinander nur selten in ausreichend differenzierter Weise Kenntnis. Oft sogar formulieren sie Erkenntnisse als neu und originär, ohne ihre Vorläufer zu nennen, oder sie interpretieren diese einseitig oder sogar falsch und gehen von veralteten Vorstellungen dieser Richtungen aus.

Anders in diesem Buch: Die verschiedenen länger etablierten wie auch die neuesten theoretischen und praktischen Ansätze werden ausgewogen, kritisch wie konstruktiv gewürdigt, und der Leser gewinnt einen umfassenden Überblick über Theorie, Prävention und Therapie von Paardynamiken und -problemen.

Das Buch beginnt mit einem umfangreichen historischen Überblick über die Kontinuität und den Wandel von Paarbeziehungen in den unterschiedlichen gesellschaftlichen Verhältnissen. Dann folgen ein ausführlicher Überblick über die theoretischen Erklärungsmodelle der Beziehungsdynamik und – schulenübergreifend – über die therapeutischen Modelle zur Entstehung und Behandlung von paardynamischen Konflikten unter Berücksichtigung des aktuellen Forschungsstandes.

Auch Ansätze der Analytischen Psychologie werden beschrieben, z. B. das Konzept der Individuationsehe und im praktischen Anwendungsteil seines integrativen Modells empiehlt er gestalterische und symbolisierende therapeutische Arbeitsformen wie Sandspiel, gemeinsames Malen und Traumarbeit.

Als Bilanz und Quintessenz stellt Roesler dann ein integratives Modell von Paartherapie vor. Er ist der – sehr begründet erscheinenden – Auffassung, dass es mittlerweile genug fundiertes und gesichertes Wissen gibt, um ein realistisches und hilfreiches Modell von Paardynamik und Paartherapie erstellen zu können. Die wesentlichen Bestimmungsstücke hierfür lassen sich in seinem integrativen Ansatz – hier natürlich stark verkürzt – in etwa so zusammenfassen:

Entgegen der z.B. in älteren psychoanalytischen und systemischen Richtungen oft vertretenen Ansicht, die Haltung des Therapeuten habe weitgehend neutral und zurückhaltend zu sein, weisen neuere Ergebnisse darauf hin, dass Paartherapeuten auch aktiv, emotional engagiert, einfühlend-spiegelnd-validierend vorgehen können. Sie können durchaus deutlich strukturierend in das therapeutische Gespräch hineinwirken, natürlich nicht, um dem Paar ein bestimmtes Konzept aufzuzwingen, sondern um einen tiefergehenden Prozess zu fördern, beispielsweise dann, wenn das Paar immer wieder in die häufig sich eskalierenden Teufelskreisläufe von gegenseitiger Aggression, Abwertung,

Schuldzuschreibung oder emotionalem Rückzug hineingerät.

Wichtig ist es oft, die negativen Emotionen und destruktiven Interaktionsmuster zu beruhigen und zu deeskalieren. Auch muss gesehen werden, ob Klienten überhaupt ausreichend in der Lage sind, sich selbst zu reflektieren und ihre Emotionen zu regulieren.Bewährt hat es sich, von einem zirkulären Erklärungsmodell auszugehen, also dem Paar zu verdeutlichen, wie beide – oft unbewusst – darin zusammenarbeiten, den Konflikt herzustellen, aufrecht zu erhalten und auch eskalieren zu lassen.

Die Vordergrunds-Probleme, die oft als Grund für die Therapie genannt werden, müssen zwar gehört und ernst genommen, aber nicht zum Hauptgegenstand der therapeutischen Arbeit gemacht werden. Eher sollte es darum gehen, die primären, hinter bzw. unter den vorgebrachten Konflikten und Streitgesprächen liegenden Anliegen, Ängste, Scham- und Schuldgefühle oder zentrale Bedürfnisse, wie z. B. nach Bindung, Anerkennung, Bestätigung, Vertrauen, Sicherheit, alternativem sexuellen Verhalten, Sinnorientierung etc. der Partner schrittweise herauszuarbeiten, erfahrbar und formulierbar werden zu lassen. Klienten müssen lernen, Vorwürfe, Anklagen und Kritik am Partner in den Ausdruck von Wünschen und Bedürfnissen zu transformieren.

Die Verbesserung der Mentalisierungsfähigkeit der Partner ist hierfür ein weiteres wichtiges Ziel. Dies meint, eigene emotionale Zustände sowie deren Auslöser in den Paarinteraktionen wahrnehmen, differenzieren und aushalten zu lernen, ebenso wie die Fähigkeit zu entwickeln, sich in den Partner hineinversetzen zu können, verstehen zu können, was er wirklich meint und dafür Akzeptanz zu entwickeln.

Auch kann es hilfreich sein, wenn sich das Paar seine jeweils persönliche Bindungs- und Beziehungsgeschichte und die sich daraus ergebenden Beziehungsstile bewusst macht und wie sich diese in der aktuellen Beziehungssituation darstellen.

Wo es den Paaren schwer fällt, sich zu öffnen oder Dynamiken noch zu unbewusst sind, können nonverbale, gestalterische und symbolisierende Methoden genutzt werden, z. B. Rollenspiel, Dialog mit verschiedenen inneren Anteilen oder Traumarbeit.

Durch die dargestellten Vorgehensweisen wird ein für die gelingende Partnerschaft zentraler Wirkfaktor aktiviert: der offene, nicht aggressive oder defensive Austausch über die wirklichen Bedürfnisse und Emotionen. Durch die empathische Unterstützung des Therapeuten werden unmittelbar in der Therapie korrigierende emotionale Erfahrungen mit dem Partner herbeigeführt, das Erlebender Partner, die Sicht auf den anderen und damit die Beziehung wird vor allem durch neue Erfahrungen mit dem Partner verändert.

Dieses Buch werden sicherlich alle, die in irgendeiner Weise beraterisch oder therapeutisch mit Paaren arbeiten – also Paartherapeuten, Familientherapeuten, Kinder- und Jugendlichen-Psychotherapeuten, Erwachsenentherapeuten, aber auch seelsorgerisch und sozialpädagogisch Tätige – mit großem Gewinn durcharbeiten.

Lutz Müller

Friedrich Schröder
Das Drama der Dreiecksbeziehung

opus magnum, 2018, 224 S., € 9,90
ISBN 978-3-95612-009-1

Der Germanist Friedrich Schröder legt mit *Das Drama der Dreiecksbeziehung* erneut eine literaturwissenschaftliche und zugleich tiefenpsychologische Märcheninterpretation vor. Im Mittelpunkt seines Interesses steht das zentrale Motiv der Dreiecksbeziehung, weshalb er dem Märchen das Schauspiel Die Frau vom Meer von Henrik Ibsen gegenüberstellt. Dabei leuchtet er die entstehungs-, motiv-, stoff- und literaturgeschichtlichen Hintergründe der beiden Werke aus, interpretiert sie zunächst unabhängig voneinander und unterzieht sie schließlich einer vergleichenden und polarisierenden Analyse.

„Warum ausgerechnet diese beiden Werke", könnte sich der Leser fragen, „gibt es nicht passendere Vergleiche?" Schröder selbst räumt ein: „Das grimmsche Märchen Die drei Schlangenblätter und Ibsens Schauspiel Die Frau vom Meer lassen sich an der Textoberfläche kaum miteinander vergleichen, weil beide völlig verschiedenen Gattungen entstammen." Und weiter: „Doch in der Tiefe ihrer inhaltlichen Strukturen gibt es zwei wesentliche Gemeinsamkeiten. Einmal existiert die gleiche Dreieckskonstella-

tion, in der eine Frau zwischen zwei Männern steht. Dabei ist sie mit dem einen verheiratet, mit dem anderen erotisch verstrickt. [...] Zum anderen sind die Heilenergie des Schlangenkrauts im Märchen und die Naturkraft des Meeres im Stück auf verschiedenen Ebenen nur zwei Seiten der gleichen Tiefenschicht des kollektiven Unbewussten [...]. Der eine Text zeigt das Scheitern (der) seelischen Angliederungsbemühung, der andere thematisiert das Gelingen der Integration außen wie innen." (S. 173)

Im Märchen Die drei Schlangenblätter erweckt der treue Ehemann seine verstorbene Frau, eine Königstochter, mithilfe dreier Schlangenblätter zu neuem Leben, was diese ihm später mit einem Mordversuch dankt, indem sie ihn auf einer Schifffahrt schlafend über Bord wirft, um sich seiner zugunsten des Kapitäns zu entledigen. Der von seinem Diener und dessen Schlangenkraut vor dem Ertrinken gerettete Ehemann findet bei seinem Schwiegervater Zuflucht, der seine Tochter für ihre Undankbarkeit und Untreue bestraft, indem er sie und ihren Liebhaber auf ein durchlöchertes Schiff setzt und dem Meer preisgibt.

Ganz anders die Protagonistin in Henrik Ibsens Schauspiel Die Frau vom Meer, die von ihrem einstigen Verlobten, einem Seemann, just in einer Ehekrise besucht und an ihr damaliges Eheversprechen erinnert wird. Hin- und hergerissen zwischen ihm und ihrem Ehemann, einem Bezirksarzt, entscheidet sie sich schließlich aus freien Stücken, trotz aller Affinität zum Meer und dessen Repräsentanten, für eine bürgerliche Zukunft mit ihrem Ehemann und dessen Töchtern. „Am Ende scheinen alle Probleme zumindest oberflächlich gelöst zu sein", resümiert Schröder. (S. 145)

In einer literaturwissenschaftlich-volkskundlichen Märcheninterpretation zeichnet er in akribischer Fleißarbeit zunächst die Verbreitung und Wandlung des Erzählstoffs von Die drei Schlangenblätter zwischen Orient und Okzident nach – vom altbabylonischen ‚Gilgamesch'-Epos über die Märchen aus 1001 Nacht, bis hin zu den europäischen Sagen und indischen Heldenepen. Geduldig vergleicht er eine Vielzahl von Versionen und macht deutlich, wie sich die Motive, Symbole, Handlungen, Charaktere und Schicksale in den Erzähltraditionen gewandelt haben. Das Symbol der Schlange, dem Friedrich Schröder bereits 2013 anhand des Märchens

Die weiße Schlange ein eigenes Buch widmete, hat hier eine Schlüsselfunktion als Träger der Heilkraft, Erneuerung, Weisheit des Instinkts, Intuition und des lebendigen Unbewussten. In Kombination mit dem Wiedererweckungsmotiv sowie dem Dreiecks- und Treuekonflikt kippt die grimmsche Version des Märchens schließlich ins Negative in Form des Mordversuchs der narzisstischen Königstochter als Auflösung ihres Konflikts zwischen Eros und Ethos sowie aus Trotz gegen die väterliche Ordnung, die letztendlich die Todesstrafe über sie verhängt.

Worin sind die unterschiedlichen Erzähltraditionen begründet? Weshalb hat sich die frauenfeindliche Version in allen Verbreitungsgebieten durchgesetzt? Wie ist der gesellschaftliche Nährboden beschaffen, der in den Erzähltraditionen derart vergiftete Früchte zutage bringt und reifen lässt? Wie konnten sich in den Völkern dermaßen destruktive Strukturen etablieren und erhalten, in denen Frauen als charakterlich defizitär beurteilt und behandelt werden?

Solcher Art sind die Fragen, denen Friedrich Schröder in einem umfassenden religionsgeschichtlichen Exkurs über die verschiedenen Frauenbilder in der indischen, arabischen und christlichen Kultur nachspürt.

Vor dem inneren Auge des Lesers eröffnen sich gesellschaftliche Welten, teilweise Abgründe, die in die Erkenntnis münden, dass das Märchen gerade wegen seiner Frauenfeindlichkeit durch die Jahrhunderte und Kontinente überliefert wurde und auch hierzulande derart gefärbt in die Märchenbücher Eingang gefunden hat, denn die Brüder Grimm „teilten die patriarchale Grundauffassung ihrer Zeit, waren aber sicher keine Frauenfeinde. Trotzdem haben sie mit ihrem Märchen die beiden Motive von der heilenden Schlange und der undankbaren Gattin verbunden und damit die alte Gleichung, die schon in der alttestamentlichen Schöpfungsgeschichte das kriechende Tier und die erste Frau zusammenbrachte und beide zu Verkörperungen der Ursünde machte, auf fatale Weise wieder zu neuem Leben erweckt." (S. 31)

Den religionsgeschichtlichen Exkurs erweitert Schröder um tiefenpsychologische Aspekte der jungianischen und freudschen Schule sowie um Frauenbilder in der religiösen Weltliteratur.

Fast 70 Jahre nach der Märchensammlung der Gebrüder Grimm erschien 1888 Henrik Ibsens

Die Frau vom Meer. Es repräsentiert als Schauspiel nicht nur eine andere Textsorte, sondern steht auch für eine andere historische Konstellation (S. 180). Ibsen befand sich zum Zeitpunkt der Veröffentlichung bereits seit 24 Jahren im freiwilligen Exil in Italien und Deutschland, von wo aus er die gesellschaftlichen Veränderungen in seiner norwegischen Heimat aufmerksam beobachtete und literarisch verarbeitete.

Friedrich Schröder, der Germanistik und Philosophie studiert und 1988 über *Die Gestalt des Verführers im Drama von Hofmannsthals* promoviert hat, stellt Henrik Ibsen nicht nur biografisch, sondern vor allem anhand seiner großen Dramen, Theaterstücke und Gedichte in einer ausführlichen Werkschau vor. Ibsen, der nicht an ein unabänderliches Schicksal, sondern an die Eigenverantwortlichkeit und Freiheit des Menschen glaubte, gilt als literarischer Vorläufer der modernen Tiefenpsychologie und wird gar von der Psychoanalyse her als Freud des Nordens und von der Individualpsychologie her als Adler des Nordens bezeichnet (S. 141).

Und so liest sich die Werkschau fast wie eine Kasuistiksammlung, allerdings mit verschiedenen Ebenen: Hinter den Erzählstoffen und der psychologischen Struktur ihrer Protagonisten schimmert der Autor mit seiner sozialen Prägung, biografischen und künstlerischen Entwicklung durch. Schröder gelingt es, nicht nur zu informieren, sondern auch neugierig zu machen. Woher bezog Ibsen sein Wissen für die immer feiner werdenden psychologischen Deutungen seiner Hauptpersonen? 1888, als er *Die Frau vom Meer* veröffentlichte, waren Sigmund Freud 32, Alfred Adler 18 und Carl Gustav Jung 13 Jahre alt und allesamt noch nicht publizierend in Erscheinung getreten.

In der tiefenpsychologischen Interpretation von *Die Frau vom Meer* deutet Schröder zumeist mit den Kategorien Carl Gustav Jungs, aber auch gelegentlich Sigmund Freuds und seltener denen Erich Fromms (S. 143). Methodisch geht er von den äußeren Entstehungsdaten des Werkes aus und führt dann schrittweise in die innere Symbolebene ein. Darüber hinaus vergleicht er das Schauspiel mit weiteren Dreieckskonstellationen, wie sie zum Beispiel in Richard Wagners Oper *Der fliegende Holländer*, Hans Christian Andersen Märchen *Die kleine Meerjungfrau* und der nordischen Heldensage von *Frithjof dem*

Kühnen zu finden sind und ergänzt das Kapitel um einen Ausblick auf Lou Andreas-Salomé, die bereits 1891 über Henrik Ibsens Frauengestalten publizierte.

Der Verfasser führt in seiner Interpretation ein Art Fallanalyse von Ibsens Schlüsselfiguren, vor allem der weiblichen, durch. Was ihn interessiert, sind die kunstvollen Verschränkungen von Symbolen, Motiven und Textbezügen. Dabei verzichtet er darauf, die Motivauswahl Ibsens biografisch zu interpretieren im Hinblick auf ihre psychologische Funktion für den Autor innerhalb seines Schreibprozesses.

Im abschließenden Vergleich beider Werke wird deutlich, wie eindimensional und starr die Charaktere der Märchenwelt gegenüber den wandlungsfähigen Hauptfiguren in der farbigen Wirklichkeit des vielschichtigen Schauspiels sind. Während das Märchen ein ungeschminktes, plakatives und archaisches Zeugnis einer zutiefst unreflektiert patriarchalischen Gesellschaft abgibt, die keinen Entwicklungsraum für die Seelenbilder bereit hält, zeichnet Ibsen als gelernter Apotheker und belesener Intellektueller in seinem Schauspiel ein fein gezeichnetes Bild differenzierter Seelenlandschaften, in denen sich die Charaktere entwickeln und entfalten können und ihre Bestimmung auf einer höheren Ebene in der Integration der widerstreitenden Parteien finden. Für Schröder ist *Die Frau vom Meer* „das beste Beispiel dafür, dass die Energie des kollektiven Unbewussten nicht nur die Frau, sondern auch den Mann von innen her heilen kann, wenn beide sich gemeinsam vertrauensvoll auf den Individuationsprozess einlassen." (S. 181)

Schröder gibt in *Das Drama der Dreiecksbeziehung* immer wieder Anlass zum Innehalten und zur Reflexion. Wer kennt nicht aus dem eigenen Umfeld oder Erleben Dreieckskonstellationen, die in der Geometrie übrigens als sehr stabil gelten. Das macht Schröders Buch interessant. Und dann ist da hinter den Geschichten noch der Mensch Henrik Ibsen mit seinem Schicksal, das er schreibend bewältigt. Das Drama der Dreiecksbeziehung endet versöhnlich und mit einem 20 Seiten umfassenden Literaturverzeichnis zur vertiefenden Lektüre.

Friedrich Schröder entfaltet das Thema in der Breite, leuchtet die Tiefen aus, zeigt die Hintergründe und beschreitet damit alle für das Verständnis entscheidenden Dimensionen. Vor allem aber macht er Appetit auf mehr – mehr Hintergründiges, mehr Seelenlandschaften, mehr von Ibsens Poesie.

Ina Schwarzer

Impressum

Jung-Journal
Forum für Analytische
Psychologie und Lebenskultur
Jahrgang 22, Heft 42, Oktober 2019
ISSN: 1867-4690
ISBN: 978-3-939322-42-9

Bankverbindung
opus magnum, Postbank
IBAN: DE60 6001 0070 0570 3447 02
BIC: PBNKDEFF

Halbjährliches Erscheinen im
April und Oktober
Ein Jahresabonnement
mit 2 Heften kostet z. Zt. € 15,-
incl. Versandkosten.
Bestellungen über:
Internet: www.jung-journal.de
E-Mail: mail@jung-journal.de
Postadresse:
opus magnum
Hirsauer Str. 39
70569 Stuttgart

Redaktion
Prof. Dr. Lutz Müller, Anette Müller,
Petra Kullmann, Margarete Leibig,
Bernd Leibig, Dieter Volk

Layout
Lutz Müller, Rainer Möller
Texte zwischen den Artikeln
Lutz Müller, Anette Müller
Druck: Kohlhammer Stuttgart
Verlag: opus-magnum
opus-magnum.de

Webmaster
Walter Fleritsch

Bildnachweise: Wenn nicht anders
angegeben, stammen alle Abbildungen
aus lizenzfreien Quellen des Internet
oder aus P'rivatbesitz.
    Die Inhalte der Artikel geben nicht un-
bedingt die Meinung der Redaktion wieder. Für unverlangt eingesandte Manu-
skripte übernehmen wir keine Haftung.